A

MADEMOISELLE M. PELLECHET

HOMMAGE

DE PROFONDE RECONNAISSANCE

L.-H. L.

L'IMPRIMERIE EN FRANCE AU XVe SIÈCLE

ETUDE SUR SA PROPAGATION DANS LES DIFFÉRENTES VILLES ET SUR L'INFLUENCE
EXERCÉE PAR LES TYPOGRAPHES D'ORIGINE ALLEMANDE.

§ Ier. L'IMPRIMERIE EN FRANCE AVANT 1470.
CONDITIONS DANS LESQUELLES ELLE S'EST ENSUITE PROPAGÉE.

LA découverte de l'imprimerie[1], on l'a dit bien souvent, ne fut pas un fait spontané que rien n'annonçait ou ne faisait prévoir. Les graveurs sur bois, les xylographes, les cartiers, les „chirotypographes"[2], etc., usant tous de procédés analogues, étaient de véritables précurseurs. Il serait facile de démontrer qu'en France l'impression au frotton sur des planches de bois était connue et pratiquée de très bonne heure: les cartiers et xylographes de Paris, Lyon, Limoges, Toulouse, pour ne citer que ceux-là, exerçaient une industrie qui n'était plus un secret.

Les choses auraient pu en rester là longtemps sans le génie de Gutenberg, qui créa vraiment l'art typographique. D'autres diront par quelles vicissitudes a passé son invention, quels ont été ses travaux: je ne veux que rappeler ici son séjour à Strasbourg. On sait qu'en 1436 il entreprenait déjà des recherches, qui devaient le conduire à la découverte du nouvel art: il avait fait exécuter certains travaux à l'orfèvre Hans Dünne, sans doute la gravure des poinçons, mais, faute de ressources, il avait dû s'associer avec Jean Riffe, puis avec André Dritzehen & André Heilmann (1438). Ses opérations, qui s'accomplissaient dans le plus grand secret, furent interrompues par la mort d'André Dritzehen et par l'action que les héritiers, Georges et Claus Dritzehen, intentèrent contre lui (1439). Ce procès, malgré son issue favorable, n'en eut pas moins un effet désastreux, en empêchant la poursuite et la réalisation immédiate des projets de Gutenberg.

Si je rappelle ces faits, c'est qu'ils me paraissent avoir un rapport direct avec ceux qui se passèrent quelques années plus tard en Avignon[3]. Le procès de 1439 avait fait du bruit, ne serait-ce qu'à Strasbourg; des indiscrétions avaient été commises, peut-être les ouvriers de Gutenberg avaient-ils été eux-mêmes infidèles. Toujours est-il que plusieurs personnes au moins durent avoir quelque intelligence de ce qui se préparait. Procope Waldfoghel[4], l'orfèvre de Prague, qui se trouva en Avignon de 1444 à 1446[5], fut très probablement de celles-là. A l'imitation de Gutenberg, il forma une association avec le serrurier-horloger Girard Ferrose, le juif Davin de Caderousse, Georges de La Jardine et les étudiants Manaud Vitalis et Arnaud de Coselhac. Chacun d'eux, toujours comme les compagnons de Gutenberg, lui donna une certaine somme pour apprendre son art et participa à la constitution d'un fonds social pour la fabrication du matériel. A Avignon, comme à Strasbourg, on fit promettre aux initiés de garder scrupuleusement le secret et s'engager à ne pas s'en aller sans laisser à la société toutes les pièces qui seraient en leur possession: en cas de départ, ils n'auraient droit qu'à la restitution de leur apport en argent. Cependant si, à Strasbourg, Gutenberg réussit à rencontrer de riches commanditaires, il n'en fut pas de même de Waldfoghel, qui n'eut affaire qu'avec des gens peu fortunés et n'arriva pas à recueillir des fonds suffisants pour se lancer dans une grande entreprise. Il fabriqua cependant des caractères ou poinçons de fer et d'acier, des formes de fer et d'étain, une vis pour la presse, enfin tout un matériel, avec lequel il convainquit ses associés que son art d'écrire artificiellement[6] „était vrai et très vrai, possible et utile à celui qui voulait s'y adonner". Par conséquent, il est à présumer qu'il imprima au moins des spécimens[7].

Un auteur récent[8] a prétendu qu'il avait inventé une espèce de machine à écrire. Cette hypothèse ne supporte pas un examen sérieux; l'on ne s'expliquerait, en effet, d'abord la présence des formes et des instruments de bois dont il est question dans les documents, puis la disparition complète et subite de cette invention. Il y eut certainement à Avignon, de 1444 à 1446, la chose n'est pas douteuse, des essais d'impression typographique au vrai sens du mot. Mais pourquoi Waldfoghel ne les a-t-il pas continués? La réponse est simple: l'argent lui manqua. Il fut constamment pourchassé par ses créanciers; ses compagnons n'étant pas riches se lassèrent vite d'un art, sans doute encore loin de la perfection, qui ne leur rapportait aucun bénéfice, et réclamèrent leurs fonds. De telle façon que Waldfoghel, endetté et abandonné, dut partir d'Avignon sans avoir atteint son but. Mais y serait-il parvenu, qu'on ne pourrait pas encore dire, sans autres preuves, qu'il fut l'inventeur de l'imprimerie[9], car le procès de 1439 dut lui fournir plus d'une information utile.

Quoi qu'il en soit, Gutenberg, de retour à Mayence, réussit enfin, grâce à Fust, à monter un véritable atelier où il imprima son premier volume. Son invention, signalée à la fin de divers produits typographiques depuis le fameux Psautier de 1457, fut assez promptement connue en France; et il est à remarquer que personne ne songea à lui disputer l'honneur qui lui revenait. Je n'en veux pour preuve que le témoignage des contemporains à même de savoir la vérité[10]. Parmi eux, il n'en fut certes pas de plus qualifiés que les prototypographes parisiens. Guillaume Fichet rapporta, dans une lettre à Robert Gaguin devenue célèbre (1er janvier 1471)[11], que d'après eux Jean Gutenberg avait, le premier de tous, trouvé l'art d'imprimer avec des lettres de métal. N'est-ce pas encore eux qui annonçaient, à la fin de leur première édition, qu'ils apportaient à la ville de Paris cet art presque divin d'écrire inventé par l'Allemagne[12]? Ainsi donc, qu'il y ait eu des recherches faites en France avant ou en même temps que celles de Gutenberg, aucune n'aboutit; on les oublia et l'on ne connut que l'illustre Mayençais.

S'il faut en croire les bibliographes[13], le roi Charles VII, apprenant la nouvelle de son invention, aurait demandé, le 4 octobre 1458, à ses généraux des monnaies de lui désigner une personne experte, pour aller s'informer des procédés de Gutenberg et en surprendre le secret. Nicolas Jenson, indiqué par eux, aurait entrepris le voyage. Je ne sais jusqu'à quel point il faut ajouter foi à ce récit; il a le grand tort de n'être appuyé que sur une note, dont la plus ancienne rédaction connue est du milieu du XVIe siècle, et qui n'est confirmée par aucun document contemporain. Jusqu'à plus ample informé, j'estime même qu'on doit tenir pour non prouvé un fait, qui a une base aussi fragile. Ce n'est pas à dire que la mission n'ait pas pu être donnée; mais on ne voit pas pourquoi il ne serait pas resté d'autres traces de ce voyage[14], pourquoi on n'en ressentit en France aucun effet, pourquoi enfin Jenson n'aurait pas plus tard imprimé dans sa patrie au lieu de se rendre en Italie[15]. Il y a là trop de points obscurs, pour que l'on croie sans hésitation à la réalité de ce fait.

Avant 1470, on ne peut pas prouver qu'en France on connut l'imprimerie autrement que par les agents des typographes rhénans. D'ailleurs, ceux-ci montrèrent tant d'empressement à faire passer leurs éditions sur les marchés étrangers, qu'on a voulu y voir la cause de la tardive création des ateliers français. Ainsi Fust et Schöffer apportaient à Paris, aussitôt après leur publication, les ouvrages qu'ils imprimaient[16]; puis, il eurent dans la même ville et à Angers un dépôt de livres tenu par Hermann de Stadtborn[17]. Un commerce semblable se faisait certainement en beaucoup d'autres endroits, sans que nous puissions le saisir aussi bien sur le vif; cependant, des documents positifs enseignent que, de 1470 à 1475, il avait une réelle activité à Lyon, Besançon, Toulouse, Tours, etc.

D'ailleurs, on ne sait que peu de chose non seulement sur ces importations, mais encore sur les pérégrinations et les travaux des premiers imprimeurs venus d'Allemagne en France. Ici, bien souvent, on reste dans les hypothèses. Plusieurs auteurs estiment que notre pays fut visité de très bonne heure par des typographes, qui voyageaient avec une petite provision de caractères, se dissimulaient dans les villes les plus peuplées pour y fabriquer des plaquettes, livrets de piété, Donats, calendriers, et prenaient la fuite aussitôt qu'ils étaient signalés aux écrivains de profession. Tout cela n'est pas impossible ; mais, comme rien n'est prouvé, il faut rester à cet égard dans une prudente réserve.

On constata, il est vrai, mais seulement après 1470 et surtout après 1475, un grand mouvement d'imprimeurs qui émigraient des bords du Rhin, depuis Cologne et Mayence jusqu'à Bâle, et se répandaient un peu partout en France, principalement dans la région lyonnaise et le Languedoc. Ils imitaient la plupart des artisans et même des artistes de leur époque, Français et Allemands, qui se déplaçaient avec une étonnante facilité. Ces voyages durèrent longtemps: de tous les typographes, dont on relève les noms en France au XVᵉ siècle, ils ne sont qu'une infime minorité ceux qui ont exercé dans leur pays natal. Et si l'on pousse plus loin les recherches, on observe que les villes, surtout depuis Lyon jusqu'à Marseille, Toulouse et Bordeaux, étaient très cosmopolites : industriels, commerçants, artistes y arrivaient de partout. Les provinces du nord et de l'ouest restaient sans doute plus fermées ; néanmoins l'élément étranger s'infiltrait assez facilement dans les grands centres comme Paris[18], Rouen, Poitiers, Angers.

Cela explique jusqu'à un certain point comment l'imprimerie s'est propagée en France. Pourtant, les typographes dont l'industrie tendait à ruiner plusieurs corporations très florissantes, telles que celles des écrivains et des enlumineurs, rencontrèrent bien des difficultés. Les ressources pécuniaires leur manquaient à presque tous, et quand il leur fallait faire face à tous les frais d'installation d'une imprimerie même rudimentaire, ou bien ils restaient en détresse, ou bien ils étaient obligés de se faire aider, au moins dans leurs débuts. Si, dans le XVᵉ siècle, une quarantaine de villes françaises possédèrent des ateliers typographiques, elles les durent en grande partie à ceux qui protégèrent ou commanditèrent les premiers imprimeurs: à Paris, ce furent des docteurs de Sorbonne; ce furent des marchands à Lyon, Rennes, Mâcon et plus tard Avignon ; des évêques et des chanoines à Poitiers, Troyes, Chartres, Salins, Grenoble, Narbonne, Embrun, Uzès, Limoges; des abbés et congrégations religieuses à Lantenac, Dijon, Cluny; des seigneurs à Bréhant-Loudéac. Ailleurs, ce fut le voisinage de cours opulentes et amies des arts (Angers, Tours, Chambéry, Angoulême, Nantes), ou bien un milieu parlementaire (Dôle, Grenoble), qui assurait aux typographes un travail rémunérateur. Les classes élevées de la société favorisèrent donc le mouvement; elles ne faisaient, du reste, que suivre l'exemple du roi Louis XI, qui avait si bien accueilli les prototypographes parisiens[19] et répondu avec tant de bienveillance aux requêtes de Schöffer et Conrad Fust et de Koberger, lors du décès de leurs agents en France[20]. Enfin, certaines municipalités, comme à Avignon, se firent encore les protectrices du nouvel art.

Cette émigration des imprimeurs allemands forma deux courants d'intensité différente. Les premiers se dirigèrent sur Paris : ils furent de beaucoup les moins nombreux, car les Français, instruits par eux, se mirent aussitôt à l'oeuvre et leur firent une concurrence redoutable; ils l'emportèrent même très vite et rayonnèrent à leur tour dans les provinces du nord et l'ouest. Les autres suivirent la route de Lyon et gagnèrent l'est et tout le midi. Là, ils exercèrent une véritable domination, que pourtant les Français et les Italiens battaient sérieusement en brèche à la fin du XVe siècle.

La suite de cette étude sera donc divisée en deux grandes parties, qui concerneront ce que j'appellerai l'école parisienne et l'école lyonnaise. Comme appendice, j'y joindrai l'examen sommaire des quelques ateliers français, qui ne dépendirent ni de l'une ni de l'autre.

§ II. ÉCOLE PARISIENNE.

La première imprimerie fondée à PARIS date seulement de 1470, alors que depuis plusieurs années déjà les typographes des bords du Rhin approvisionnaient ce marché[21]. Peut-être quelques ouvriers avaient-ils auparavant essayé d'exercer sur les rives de la Seine[22]; faute de ressources, ils auraient disparu sans laisser de traces.

L'initiative de l'établissement de la première presse[23] appartient à un Allemand, Jean Heynlin, dit de La Pierre, et à un Savoyard, Guillaume Fichet, qui appellèrent auprès d'eux trois autres Allemands, Michel Friburger, Ulric Gering et Martin Crantz. Jean Heynlin, originaire de Stein (grand-duché de Bade), avait étudié en l'Université de Leipzig (1452) et était venu à Paris en passant peut-être par Mayence, où il aurait connu l'invention de Gutenberg[24]. Quoi qu'il en soit, il était à Paris dès 1459, et il y fut régent des arts au collège de Bourgogne. Reçu (18 juin 1462) dans le fameux collège de la Sorbonne, il repartit pourtant pour l'Allemagne en 1463 et fréquenta la jeune Université de Bâle, où sans aucun doute il trouva moyen de nouer d'utiles relations avec des imprimeurs[25]. De retour en Sorbonne, il fut élu, le 25 mars 1468, prieur de la maison, puis recteur de l'Université et bibliothécaire. Le 25 mars 1470 vit commencer son second priorat; il profita de sa situation pour installer les prototypographes parisiens dans les bâtiments de la Sorbonne. Mais si ce fut lui qui eut le premier la perception exacte des services qu'ils rendraient dans un milieu universitaire aussi intense, il ne fut pas seul à prendre la responsabilité de leur convocation. Il se concerta en effet avec un de ses collègues les plus éminents, Guillaume Fichet, qui enseignait la philosophie et la rhétorique et occupait, en 1469 et 1470, l'emploi de bibliothécaire de la Sorbonne[26].

Fichet, frère de l'évêque coadjuteur de Genève[27], en relations suivies avec la cour de Louis XI et les plus grands personnages de son temps, apporta à l'entreprise commune ses propres ressources; de plus, il lui concilia l'appui de ses amis et la faveur de ses puissants protecteurs. Peut-être obtint-il une subvention particulière de l'opulent cardinal Jean Rolin, qui l'honorait de sa bienveillance.

Heynlin, de son côté, se préoccupa de faire venir les ouvriers typographes : Michel Friburger, Ulric Gering et Martin Crantz étaient tout à fait capables de répondre à ses espérances. Le premier, originaire de Colmar, avait étudié en l'Université de Bâle, où il avait connu Heynlin et où probablement il s'était exercé à l'imprimerie. Les deux autres, Gering, né à Constance, et Crantz, originaire, paraît-il, du même pays que de La Pierre[28], ne s'étaient pas encore signalés. On a cité cependant le dernier comme chef d'atelier d'Elias Elie à Beromünster, en 1469 & 1470[29]. Quels qu'aient été leurs maîtres, il est à remarquer que l'influence de Gutenberg et des ateliers mayençais se refléta dans leurs premiers travaux : comme l'a observé M. Madden[30], ils imprimèrent d'abord le format in-4° par quinternions ; ce qui montre qu'ils „avaient dû s'initier à la typographie dans l'école où l'on suivait plutôt les procédés de Gutenberg que ceux de Schöffer".

Les négociations de Heynlin avec eux commencèrent certainement avant son second priorat ; peut-être même firent-ils leurs préparatifs dans les derniers mois de 1469. Comme ils n'apportèrent pas de matériel, ils eurent, en arrivant à Paris, à graver ou faire graver des matrices, à fondre des caractères, etc. Les types qu'ils adoptèrent leur sont tout particuliers : ils se rapprochent, il est vrai, de ceux qu'avaient employés à Rome Sweynheim et Pannartz dans des livres que de La Pierre possédait déjà, mais on n'en connaît pas d'identiques.

Fichet et Heynlin furent les véritables directeurs de cette presse. Heynlin lui-même choisit le premier ouvrage à imprimer, et il en corrigea le texte : ce fut le recueil des lettres de Gasparino Barzizi de Bergame, qui, écrites dans un latin élégant, pouvaient servir de modèles à la jeunesse studieuse. Ce volume se présenta avec une lettre-préface de Fichet à de La Pierre, et se termina par quatre distiques latins offrant en hommage à la ville de Paris ce livre, premier produit en France de l'art presque divin inventé par l'Allemagne et pratiqué par les imprimeurs Michel, Ulric & Martin[31].

Il semble bien, d'après plusieurs circonstances et surtout d'après un passage de la fameuse lettre adressée par Fichet à Robert Gaguin le 1ᵉʳ janvier 1471, que nos proto-typographes aient ensuite apporté leurs soins à la publication de l'*Orthographia* du même Gasparino, dûment révisée par Heynlin. La date même de cette édition est donnée par la lettre précitée : le 1ᵉʳ janvier 1471, on en terminait l'impression[32].

Je ne puis qu'énumérer, sans m'y arrêter, les volumes qui sortirent, en 1471 et 1472, de l'active presse de la Sorbonne[33]. Ce furent d'abord les oeuvres historiques de Salluste, auxquelles les typographes ajoutèrent des distiques faisant allusion à la guerre déclarée par Louis XI au duc Charles le Téméraire, ce qui place cette publication vers le mois de février 1471. Puis, peut-être, l'abrégé d'histoire romaine de Florus, que Robert Gaguin présenta au public. Vint ensuite une oeuvre à laquelle tenait particulièrement Fichet : les *Orationes* du cardinal Bessarion en faveur de la croisade contre les Turcs. Fichet, en considération de son illustre ami, se chargea de tous les détails et de tous les frais de l'impression ; les exemplaires une fois prêts (24 avril 1471), il les distribua aux rois, cardinaux, princes, etc., qui pouvaient répondre à l'appel de Bessarion.

Il fit ensuite composer par ses typographes son cours d'éloquence, sa *Rhetorica* : dès le 15 juillet 1471, il pouvait en offrir un exemplaire au cardinal Rolin, son bien-faiteur[34]. Comme suite à cet ouvrage, il donna, après en avoir fait revoir le texte par Heynlin, le *De Oratore* de Cicéron et les *Eloquentiae praecepta* d'Agostino Dati.

Le *Liber elegantiarum* de Lorenzo Valla, répondit encore au même dessein de fournir des livres d'études à ceux qui fréquentaient l'Université. Tout cela, avec un Valère Maxime et peut-être encore d'autres ouvrages que les bibliographes ont datés des mois suivants, fut le résultat des travaux de Friburger, Gering et Crantz pendant l'année 1471.

De 1472 sont les traités de Cicéron (*De officiis, De amicitia*, etc.), dont Fichet, le 7 mars 1472, avait confié la préparation à de La Pierre; puis les Tusculanes du même auteur, dont le texte avait été revu par un Allemand, Ehrard Windsberg, que Fichet paraît avoir fait entrer comme correcteur dans l'atelier de la Sorbonne. En avril, nos prototypographes offrirent à ceux qu'ils reconnaissaient comme leurs meilleurs protecteurs [35], des exemplaires du *Speculum vitae humanae*. Les mois suivants virent sans doute paraître les deux opuscules d'Aeneas Sylvius (*De curialium miseria, Historia de duobus amantibus*), les *Epistolae Platonis*, une traduction latine des lettres de Phalaris, Brutus et Cratès le Cynique, les Bucoliques et les Géorgiques de Virgile, les satires de Juvénal et de Perse, les comédies de Térence, le *De officiis* de S. Ambroise [36], enfin le *Sophologium* de Jacques Legrand.

Pendant que s'éditaient les derniers volumes, Bessarion arrivait de Rome pour entraîner Louis XI à la croisade (août 1472). Il échoua dans sa mission, comme on le sait, et dut reprendre, désenchanté, le chemin de l'Italie. Fichet partit avec lui (septembre), sans doute après avoir liquidé les intérêts qu'il avait engagés dans la presse de la Sorbonne, et quitta pour toujours Paris et la France [37]. Leur plus puissant auxiliaire manqua donc désormais à nos imprimeurs. Ils restèrent cependant quelques mois encore, jusqu'à quelle époque précise, on ne sait, dans les locaux qu'ils occupaient; mais, au commencement de 1473, ils les avaient certainement quittés. D'ailleurs, tout leur échappait à la fois: Jean Heynlin les avait aussi abandonnés pour retourner à Bâle [38].

Ils ne se découragèrent pourtant pas: connus avantageusement dans la capitale, ils étaient encore assurés de la protection d'illustres personnages, qui, en février 1475, leur obtinrent du roi des lettres de naturalité; ils pouvaient donc espérer tirer de leur art des ressources suffisantes. En sortant de la Sorbonne, ils formèrent une association, dont Friburger paraît avoir été le chef, s'installèrent dans la rue Saint-Jacques, en une maison qui porta dès 1476 [39] la célèbre enseigne du Soleil d'or, et s'occupèrent de la fonte de différents caractères gothiques. Enfin, le 21 mai 1473, ils achevèrent l'impression du *Manipulus curatorum*: à vrai dire, ce n'était peut-être pas leur premier labeur en leur nouvelle maison [40]. Désormais, les trois typographes, travaillant à leurs risques et périls, eurent la responsabilité du choix de leurs publications; aussi manifestèrent-ils des préocupations auxquelles Heynlin et Fichet étaient restés étrangers [41]. Ces derniers avaient eu pour objectif le relèvement du niveau des études classiques et l'épuration du goût de leurs contemporains, soit par des préceptes, soit par la présentation de parfaits modèles. Nos imprimeurs, obligés maintenant de compter avec le public, ne cherchèrent plus qu'à éditer des ouvrages d'une vente assurée et jouissant d'une vogue plus ou moins justifiée parmi le clergé et les étudiants. Notons ce dernier fait: Friburger et ses associés étaient dans la ville qui possédait l'Université la plus fréquentée et la Faculté de théologie la plus florissante.

Ils imprimèrent, jusqu'au 30 janvier 1478, un assez grand nombre d'ouvrages [42]; mais parmi eux il n'en est guère qui méritent de retenir l'attention, sauf peut-être la Bible in-folio publiée en 1476 (vers août). Ce fut la première éditée en France, le premier livre aussi qui indiqua l'enseigne au Soleil d'or, et c'est probablement encore là que pour la première fois des imprimeurs établis en France mirent des signatures au bas des feuillets. Ici il n'y en avait que dans la table, à la fin du second volume; un peu plus tard, elles furent appliquées partiellement dans un recueil de traités de François de Platea (4 janvier 1477); elles se trouvèrent enfin d'un bout à l'autre du livre dans le *Manuale confessorum* de Jean Nyder (5 avril 1477).

Friburger et Crantz abandonnèrent l'entreprise commune après le 30 janvier 1478, on ne sait à la suite de quelles circonstances: ils disparurent, laissant leur atelier à Gering. Celui-ci ayant procédé à une nouvelle fonte, employa désormais des types romains d'une forme très élégante, qui parurent pour la première fois dans une édition du *Praeceptorium* de Nyder, le 20 avril 1478[43]. Pendant deux années complètes, il resta seul à poursuivre ses travaux typographiques en la maison du Soleil d'or; puis il forma avec Georges Maynyal[44] une association qui dura du 22 avril 1480 au 10 mars 1481[45].

La rupture du nouveau contrat laissa encore à Gering tout le poids de la conduite de son atelier. Il semble alors avoir éprouvé un certain découragement ou être resté sans ressources suffisantes; car, jusqu'à la date du 9 mars 1484, il n'imprima que de rares ouvrages[46], et plus rien pendant de longues années. La concurrence de presses trop voisines le força sans doute à quitter la rue Saint-Jacques et à louer, en 1484, la maison du Buis en la rue de la Sorbonne[47], où il plaça son enseigne du Soleil d'or. Mais, à ce moment, il abandonnait la direction de son atelier: la même année, une édition du *De quatuor virtutibus* de Dominique Mancini paraissait avec ses caractères romains, mais elle était signée du nom de l'Allemand Jean Higman, sans doute un de ses anciens ouvriers.

Il est difficile de suivre les destinées de cette imprimerie pendant les années suivantes. On retrouve les types romains de Gering uniquement employés dans les livres que Jean Higman et Wolfgang Hopyl vendirent de 1488 à 1491[48]; mais Higman demeurait en la rue du Clos-Brunel, à l'enseigne des Lions, tandis que Hopyl était en la rue Saint-Jacques. On a dit[49], il est vrai, que ce dernier n'était que libraire et que les ouvrages signés par lui sortaient en réalité de chez Higman. Soit, mais une autre difficulté surgit: en 1489, Georges Wolf, de Bade, très probablement ouvrier ou élève de Gering, se servait des mêmes caractères dans la maison du Soleil d'or[50], en la rue de la Sorbonne. Si, en 1490, il travailla au Château Pers, près du collège de Boncourt[51], dès le 12 juin 1491, il était revenu dans son atelier primitif[52]. Il y resta toute l'année 1492, et ajouta aux séries de types romains déjà connus, plusieurs autres sortes de caractères.

Son séjour n'y fut pas long: à la date du 16 avril 1493, Wolf avait quitté le Soleil d'or et était installé à l'image Sainte-Barbe depuis assez de temps pour s'être procuré un nouveau matériel et avoir imprimé les 122 feuillets in-4° d'une édition de l'*Ethique à Nicomaque*. Gering avait-il dans le même temps repris ses travaux? On ne saurait l'affirmer positivement. S'il le fit, c'est sous le nom du libraire Guillaume Prévost[53] qu'il vendit d'abord ses ouvrages; du moins on peut le supposer d'après le colophon des *Statuta synodalia diocesis Andegavensis*, achevés le 2 mai 1494[54]. Mais, six jours après, il signait de son propre nom et de celui de son collaborateur, le Strasbourgeois Berthold Rembolt, une impression de S. Augustin[55]. L'atelier du Soleil d'or, grâce à cette dernière association qui dura jusqu'à la mort de Gering (23 août 1510), brilla d'un nouveau lustre ; avec un outillage perfectionné et des assortiments plus complets, il publia une belle suite de volumes, surtout de théologie et de liturgie. Telle fut la longue carrière du vétéran de la typographie parisienne, de celui dont l'influence, surtout dans les débuts, fut si importante et si décisive.

Friburger, Gering et Crantz, à peine sortis de la Sorbonne, n'avaient pas tardé à voir des maisons rivales se créer auprès d'eux. La première concurrence leur vint des associés Pieter Keysere, de Gand, maître des arts[56], et Jean Stol[57], Allemand, qui s'installèrent rue Saint-Jacques[58]. Leur premier livre daté[59], signé seulement de Keysere, est le *Manipulus curatorum* (22 mars 1474), et le dernier qui témoigne de leurs travaux communs, est une Rhétorique de Cicéron (septembre 1477)[60]. Keysere continua cependant à imprimer ; on a conservé de lui le souvenir d'une édition des *Epistolarum formulae* de Karl Manneken[61], datée de septembre 1478, qui fut contrefaite à Lyon par Guillaume Balsarin ou un typographe ayant la même fonte[62].

Une troisième imprimerie, et la première dirigée par des Français à Paris, s'ouvrit bientôt en la même rue. Elle employa des caractères qui ressemblaient tellement à ceux de Keysere et Stol que pendant longtemps on n'a pas su les distinguer[63]. C'est celle qui eut pour enseigne le Soufflet vert[64] et qui fut conduite par une association d'ouvriers : Louis Symonel, Richard Blandin, Jean Simon, *cum multis aliis in eodem laborantibus*[65]. Elle fonctionna depuis 1475 au moins jusqu'au 28 avril 1484. Mais Richard Blandin s'était retiré de bonne heure : en 1478, il avait établi avec Guillaume Frevier, près de Notre-Dame, un atelier qui semble avoir peu duré.

Dès lors se produisit une véritable floraison typographique : en 1476[66], Pasquier Bonhomme, libraire juré de l'Université, fondait la presse qui devait éditer, le 16 janvier 1477, avec les *Grandes chronicques de France*, le premier livre en français à date certaine imprimé à Paris. Après lui, ce fut un inconnu[67], dont l'œuvre principale fut une édition des Dialogues de Guillaume Ockam (1476), et qui publia vers la même époque quelques rares ouvrages, avec des caractères analogues à ceux du Soufflet vert et à ceux de Keysere et Stol. Plus tard, ce fut Guillaume Le Fèvre, dont on a des livres datés du 16 septembre 1479 au 2 août 1480.

Plus célèbre fut Jean Dupré, qui donnait, le 22 septembre 1481, un Missel de Paris en collaboration avec Désiré Huym. Ce Missel est remarquable surtout par la présence de deux grandes planches gravées sur bois, les premières que l'on rencontre dans une édition parisienne datée. Un auteur récent[68] a vu dans leur facture la main de Désiré Huym, qui, peut-être Allemand[69], se serait inspiré des procédés déjà usités à Strasbourg, Mayence et Cologne. Ce n'est qu'une hypothèse : n'insistons pas. D'ailleurs Huym quitta vite Dupré[70]. Celui-ci, après un séjour de quelques mois à Chartres (1482-1483), où il transporta son matériel, revint dans la rue Saint-Jacques, et se signala surtout par l'impression de livres liturgiques[71]. Il employait dès 1483 des ouvriers vénitiens[72] et illustrait ses ouvrages de figures gravées sur métal. Le fameux libraire Antoine Vérard eut fréquemment recours à lui pour la publication de ses splendides volumes ; peut-être contracta-t-il une certaine association avec lui[73].

Il y a peu de choses à dire ici sur le Tourangeau Louis Martineau (1481-1498), qui, le premier des imprimeurs parisiens eut une marque[74]; sur Michel de Toulouse, qui après avoir édité les *Casus breves* de Clarius (15 nov. 1482), ne semble plus avoir rien publié avant le 12 octobre 1499; sur l'actif Antoine Caillaut, établi en la rue Saint-Jacques, peut-être dès le 19 août 1483, d'abord à l'Homme Sauvage, puis (après le 10 janvier 1493) à la Coupe d'or[75]. Guy Marchand, leur contemporain[76], se recommanda surtout par la beauté de ses publications[77]; ses nombreuses éditions illustrées de la *Danse macàbre* et du *Kalendrier et compost des bergers* sont justement réputées et mises au nombre des plus beaux spécimens de l'art typographique au XVᵉ siècle. Pierre Levet[78] marcha sur ses traces et publia une assez grande quantité de livres, dont plusieurs richement ornés de gravures sur cuivre. Encore plus renommé que tous les précédents fut Pierre Le Rouge, d'une célèbre famille d'imprimeurs. Il vint à Paris après avoir débuté à Chablis, son pays natal, et consacra ses talents à la confection de livres décorés de magnifiques gravures sur bois[79]. Son chef-d'oeuvre fut la *Mer des histoires,* qu'il signa en 1488, en mentionnant son privilège d'imprimeur du roi. Ce titre, qu'il fut le premier à posséder, consacrait son mérite et l'influence prépondérante qu'il exerçait sur l'illustration du livre.

Il est impossible de détailler l'histoire de tous les ateliers parisiens: à vouloir seulement citer les plus connus, ceux de Pierre Le Caron[80], d'André Bocard[81], du Petit Laurens[82], du fameux Philippe Pigouchet[83], éditeur et imprimeur de superbes Heures pour les libraires de Paris et des villes voisines, de Jean Trepperel[84], de Félix Baligault, de Pierre Le Dru, d'Étienne Jehannot[85] et de bien d'autres, on excéderait les limites de cette étude.

Aussi bien, au milieu de ce flot qui monte et couvre toute la cité parisienne, sera-t-il suffisant de noter l'afflux des imprimeurs d'origine allemande. Les noms de Jean Higman, de Georges Wolf et de Berthold Rembolt ont déjà été cités à propos d'Ulric Gering. On a vu qu' Higman et Wolfgang Hopyl avaient d'abord employé les caractères romains de la presse au Soleil d'or (1488–1491); mais en 1492, ils possédèrent d'autres fontes. Si la plupart avaient une physionomie bien parisienne, il en était aussi plusieurs qu'ils avaient très probablement imitées des types de Strasbourg ou de Cologne[86]. Leur collaboration dura jusqu'à la mort d'Higman (vers 1500)[87] et produisit de nombreux ouvrages[88], dont les Missels de Saintes, d'Autun, de Bourges, du Mans, de Cambrai, de Trèves, de Poitiers et de Liège.

Le Badois Georges Wolf, après être passé au Soleil d'or (1489), au Château Pers (1490) et de nouveau au Soleil d'or (1491), avait fini par s'installer définitivement en la rue Saint-Jacques à l'enseigne de Sainte-Barbe (1493). Pendant près d'un an, il y resta seul[89], mais il s'y adjoignit bientôt comme associé Jean Philippi, dit Manstener, originaire de Kreuznach, non loin de Mayence. Leurs deux noms se trouvèrent côte à côte sur les mêmes volumes depuis le 20 avril 1494 jusqu'au 5 février 1495; puis celui de Wolf disparut. Toute relation n'était pourtant pas brisée entre les deux associés[90], et peut-être Wolf ne s'était-il éloigné que dans le dessein de revenir assez promptement. Pendant cette absence (1497), Philippi entra en rapports avec un de ses compatriotes, Thielman Kerver, de Coblentz: celui-ci, simple libraire à l'origine, le chargeait d'imprimer ses livres d'heures[91]. Mais bientôt de nouvelles modifications eurent lieu: l'atelier à l'image de Sainte-Barbe se ferma en 1498 et Georges Wolf signa un autre contrat d'association avec Thielman Kerver, pendant que Philippi, réduit à ses seules ressources, se préparait à fonder une nouvelle maison en la rue Saint-Marcel. Cette fois, ce fut Kerver, sans doute plus riche, qui prit la haute main: le nom de Wolf, son collaborateur, ne parut que rarement sur les volumes qui sortirent de chez lui en 1498 et 1499. Peut-être Wolf se retira-t-il, lorsque l'atelier, en pleine activité, fut transféré du pont Saint-Michel en la rue des Mathurins (1500); ou bien sa disparition est-elle due tout simplement à son décès. Quant à Kerver, il acquit une véritable célébrité par les belles éditions qu'il publia, soit à son compte, soit aux frais des libraires de Paris, de Dijon et d'Angers. D'ailleurs, son mariage avec la fille de Pasquier Bonhomme consolida encore sa situation dans la capitale. Jusqu'en 1522, date de sa mort, il fut un des plus brillants représentants de l'imprimerie et de la librairie française.

Il est encore au moins deux Allemands qui exercèrent à Paris avant la fin du XVᵉ siècle : l'un, Simon *Doliatoris* (Bötticher ?), originaire de Prusse, n'est guère connu[92], mais l'autre, Georges Mittelhus, de Strasbourg, eut des destinées moins obscures. Bien qu'on l'ait signalé à Paris dès 1484, ce n'est qu'en 1488 que sa présence est certaine. Ses caractères, du moins dans les débuts, étaient allemands; quelques types même ressemblaient à ceux de Jean Reinhard à Strasbourg; mais plus tard, quand il dut renouveler ou compléter ses assortiments (dès 1492), il prit modèle sur ceux de ses collègues parisiens[93].

On ne saurait terminer cette revue sans signaler le nom des principaux libraires, qui par leur sens artistique et leur goût contribuèrent à la confection de chefs-d'œuvre : Antoine Vérard, Simon Vostre, les de Marnef, Jean Petit, etc., occupèrent à juste titre une place d'honneur dans nos annales typographiques. Grâce à eux, les ateliers produisirent davantage et des éditions plus soignées, et l'industrie du livre prit une note d'art très caractéristique. Enfin, leurs relations dans le centre, le nord et l'ouest de la France propagèrent plus rapidement encore l'influence des presses parisiennes.

Cette influence s'exerça d'abord à ANGERS, une des résidences préférées du roi René, où Hermann de Stadtborn avait établi un dépôt des livres de Fust et Schöffer. Les deux prototypographes, Jean de La Tour et [Jean ?] Morel, qui y imprimèrent une Rhétorique de Cicéron (5 février 1477), le *Manipulus curatorum* (19 septembre 1477) et une édition des *Coutumes d'Anjou*, employèrent en effet des caractères à peu près semblables à ceux du Soufflet vert ou à ceux de Keysere et Stol[94]. Ils possédèrent aussi un assortiment de lettres analogue à la grosse fonte de Pasquier Bonhomme, avec lequel ils composèrent un Perse[95].

Après un long repos, Jean de La Tour reprit ses travaux et se signala, le 3 août 1495, par une nouvelle édition du *Manipulus*[96], aux frais de deux libraires; mais sans doute il ne pouvait lutter contre les importations des ateliers parisiens, rouennais ou poitevins, dont le libraire Jean Alexandre[97] était un agent très actif, car il cessa vite d'imprimer.

La petite ville de CHABLIS, au sud de Paris, posséda aussi une des premières une presse intermittente, où s'exercèrent les Le Rouge dans les débuts de leur carrière[98]. Ce fut d'abord Pierre Le Rouge, le futur imprimeur du roi à Paris, qui y signa, le 1ᵉʳ avril 1478, le *Livre des bonnes mœurs* de Jacques Legrand. Cinq ans après, dans sa propre maison, un de ses frères (?), du nom de Jean, composa avec des caractères qu'il emporta à Troyes, le Bréviaire d'Auxerre (24 avril 1483)[99]. Plus tard encore, Guillaume Le Rouge, fils présumé de Pierre et peut-être son élève, en tout cas ouvrier très habile, termina dans la même bourgade un volume des *Expositions des evangilles en françois*, orné de gravures (18 octobre 1489); puis il partit, lui aussi, pour la capitale de la Champagne.

A TROYES, siège de foires importantes, où les éditeurs parisiens ne manquaient pas de venir vendre leurs ouvrages, le premier livre daté *(Breviarium Trecense,* 20 septembre 1483) fut imprimé par Jean Le Rouge, à qui l'on commanda les 500 exemplaires des *Lettres d'octroi des foires de la ville,* distribués dès la fin de 1486. Puis, Guillaume Le Rouge vint continuer ses débuts par une *Danse macabre* (1491), historiée avec une série de bois gravés d'après Guy Marchand. Il réimprima, deux ans après, ses *Expositions des evangilles* (31 mars 1493) et disparut ensuite de Troyes[100]. On a supposé qu'il était allé à Paris prendre la direction de l'atelier paternel, en laissant son imprimerie à son parent Nicolas Le Rouge[101], qui aurait édité avant la fin du XVe siècle les *Privilegia Fratrum. Minorum et Praedicatorum* (1496) et une *Grant danse macabre,* copieusement illustrée[102].

D'autre part, le même Guillaume semble bien avoir fourni une partie de son matériel, au moins des bois gravés, à Guillaume Tavernier, qui publia à PROVINS la *Règle des marchands* (1er octobre 1496)[103]. Jean Trumeau, le libraire provinois qui imprima vers la même époque les *Sept Pseaulmes en françoys* et les *Vigilles des morts,* avec gravures, se ressentit également beaucoup de l'influence des typographes parisiens, avec lesquels il se trouvait, à l'occasion des foires, en relations constantes[104].

La ville voisine de CHÂLONS-SUR-MARNE ne pouvait pas manquer d'être dans le même rayon d'action. On le vit bien, lorsque, le 24 juillet 1493, Arnould Bocquillon y publia son unique ouvrage connu, le *Diurnale ad usum ecclesiae Cathalaunensis,* avec des types gothiques qui provenaient certainement de Paris, peut-être de l'atelier de Jean Trepperel.

Des relations ont existé encore très fréquentes entre Paris et POITIERS[105]. Les caractères, qui ont été employés depuis 1479 dans cette dernière ville, mélangés avec quelques éléments étrangers qu'il n'est pas toujours facile de déterminer[106], se rapprochent étonnamment des types parisiens de la même époque, et quand ils furent usés c'est à Paris que l'on prit modèle pour de nouvelles fontes.

Le premier livre daté de Poitiers fut le *Breviarium historiale* de Landolfe de Colonne, qui fut achevé d'imprimer près de Saint-Hilaire dans la maison d'un „très illustre" chanoine de cette église[107], le 14 août 1479. Le typographe ne s'y nommait pas, mais on trouva son nom sur le troisième ouvrage poitevin, qui fut signé, le 25 juin 1483, „per magistrum Johannem, Stephanumque de Gradibus". M. de La Bouralière a traduit: par maître Jean de Gradi et Étienne de Gradi. Jean de Gradi serait le Milanais, qui fut plus tard professeur de droit à Lyon. Il aurait imprimé jusque vers 1487 à Poitiers et aurait cédé son atelier à Étienne Sauveteau, qui, vers cette époque, édita un Bréviaire d'Auch, avec le concours d'un certain Guillaume X . . . Sa thèse, malgré certaines lacunes[108], doit être prise en sérieuse considération, surtout en présence des nombreuses objections que soulève le système contraire. M. Claudin en effet a vu dans les souscripteurs des *Casus longi* d'Élie Régnier, Jean Bouyer et son aide Étienne des Degrez.

On est d'accord pour reconnaître que le prêtre Saintongeais, Jean Bouyer[109], était réellement à la tête de l'imprimerie, lorsqu'il édita (vers 1490) les Heures d'Angers avec la collaboration de Pierre Bellesculée, qui arrivait de Rennes. Ce dernier ne resta là que peu de temps et céda la place à Guillaume Bouchet, dont le nom se trouve accolé à celui de Bouyer depuis le 12 septembre 1491 jusqu'en 1515.

Poitiers fut certainement au XVe siècle un des centres typographiques les plus productifs; ses éditions ont une physionomie française, pour ne pas dire parisienne, que nous relevons également dans les impressions normandes, et tout d'abord dans les *Épîtres d'Horace*, que Jacques Durandas et Gilles Quijoue publièrent à CAEN, le 6 juin 1480. C'est d'ailleurs le seul livre connu jusqu'aujourd'hui de ces deux typographes, qui disparurent, laissant aux libraires de l'Université, Pierre Regnault, Robinet Macé et Michel Angier, le champ libre pour leurs importations d'impressions parisiennes et rouennaises[110].

A ROUEN, en effet, l'art typographique[111], malgré son éclosion tardive[112], eut un brillant épanouissement. En mai 1487, apparaît seulement le premier ouvrage à date certaine imprimé en cette ville : ce sont les *Chroniques de Normandie*, éditées par Guillaume Le Talleur, „natif et demourant à la paroisse Saint-Lô"[113], qui exerça au moins jusqu'au 18 décembre 1490[114]. Pendant qu'il composait ses *Chroniques*, le chapitre de la cathédrale commandait à un libraire rouennais, Gaillard Le Bourgeois, 2.500 exemplaires imprimés des brevets relatifs aux permissions du Carême de 1487 ; deux ans après, il en réclamait encore 5.000[115]. Ce libraire n'est pas un inconnu : la première édition du célèbre roman de Lancelot du Lac, parue en deux volumes, portait comme souscription du tome I : „A Rouen, en l'ostel de Gaillard Le Bourgois l'an de grace mil. cccc. iiiᵡᵡ. et huyt, le xxiiii. jour de novembre, par Jehan Le Bourgois"[116]. Chose remarquable, le tome II était achevé d'imprimer à Paris par Jean Dupré ; c'était du reste avec les caractères et les bois de Dupré que Jean Le Bourgeois avait composé le premier volume. Ce typographe rouennais compléta encore ses assortiments à Paris, chez Trepperel et Levet en particulier. Ses relations avec la capitale étaient constantes : il travaillait même pour le compte d'Antoine Vérard en 1489[117].

Jean Le Bourgeois et Guillaume Le Talleur n'ont pas laissé un nom aussi illustre que leur compatriote Martin Morin : une légende concernant ce dernier l'a même représenté allant chercher en Allemagne les secrets de l'imprimerie et introduisant cet art en France et à Rouen[118]. En réalité on ne lui connaît pas d'édition avant le 22 juin 1490[119] et comme ses premiers livres ont une parenté évidente avec ceux de Guillaume Le Talleur, on a supposé avec quelque vraisemblance qu'il avait pris, sinon sa succession complète, au moins son fonds d'atelier. Établi à l'image Saint-Eustache, près le prieuré de Saint-Lô, il mérita par son habileté la réputation dont il jouit en France et en Angleterre, partout où s'étendaient ses relations commerciales[120]. Le Missel de Rouen, en particulier, paru le 26 mars 1500, fut un véritable chef-d'oeuvre.

A la fin du XVᵉ siècle, vivaient et imprimaient encore à Rouen Jacques Le Forestier[121], qui eut jusqu'à trois adresses différentes de 1485 à 1500[122] ; M.-I. Le Forestier, qui travaillait pour le libraire Thomas Laisné, avec Richard Goupil et Nicolas Mullot ; James Ravynel, qui exerçait dès le 15 janvier 1496[123] ; Guillaume Gaullemier[124], Guillaume Tuvel[125], Richard Auzoult[126], Sylvestre Ramburitrus[127] et peut-être aussi Guillaume Bernard[128], Laurent Hostingue et Jamet Louys[129]. Cette multitude de noms indique donc que, contrairement à ce qui eut lieu dans bien d'autres villes, l'art de Gutenberg, implanté à Rouen dans un sol fertile, y jeta de profondes racines et fut de suite en pleine efflorescence.

Entre Rouen et Paris, dans un village du nom de GOUPILLIÈRES[130], un prêtre, peut-être le curé de l'endroit, Michel Andrieu, s'adonna aussi, au moins temporairement à la typographie. Il fit venir des caractères, soit de la maison du Petit Laurens à Paris, soit de l'atelier de Guillaume Le Talleur à Rouen, et composa un livre d'heures, qu'il termina le 8 mai 1491[131].

Ailleurs, ce n'est pas seulement le matériel qu'on faisait venir de Paris, c'était l'imprimeur lui-même. Ainsi, à CHARTRES, le chanoine Pierre Plume appela et installa chez lui le fameux Jean Dupré, déjà connu par ses éditions des Missels de Paris, Verdun et Rome, et lui confia le soin d'imprimer le Missel, puis le Bréviaire de l'église de Chartres. Ces deux volumes étant achevés, le premier à la date du 31 juillet 1482, le second le 17 juillet 1483[132], Dupré reprit la route de Paris, où il continua sans relâche ses travaux typographiques; il ne jugea pas même à propos de les interrompre[133], lorsqu'un libraire, Pierre Gérard, lui demanda plus tard d'envoyer de son matériel et de ses ouvriers à ABBEVILLE. Les bois et les caractères qu'il lui adressa, servirent à l'impression de quatre magnifiques in-folios: la *Somme rurale* de Jean Bouteiller, qui parut dans les six premiers mois de 1486; les deux tomes de la *Cité de Dieu*, traduite de S. Augustin par Raoul de Presles, terminés les 24 novembre 1486 et 12 avril 1487; enfin le *Triumphe des neuf preux*, achevé le 31 mai suivant[134].

Dans les villes qui bordent la Loire et que sillonnaient constamment les seigneurs et fonctionnaires de la cour royale ainsi que les marchands parisiens, l'influence de la capitale devait s'exercer au moins aussi vigoureusement qu'ailleurs. A ORLÉANS, le seul livre connu imprimé au XVᵉ siècle (31 mars 1491) par Mathieu Vivian (c'était naturellement le *Manipulus curatorum*), l'a été avec des caractères copiés sur ceux de la *Danse macabre*, publiée par Guy Marchand en 1486. Et certainement, si Jean Le Roy, le libraire typographe orléanais, dont on relève le nom à la date du 14 août 1481, a composé des ouvrages, ce dut être aussi avec un matériel acheté ou loué à Paris[135].

A TOURS, résidence favorite de Louis XI, Guillaume Fichet rencontrait en 1472 les agents des imprimeurs allemands; là fréquentait aussi Antoine Vérard; l'un des frères de Marnef, Jean de Liège[136], y avait une boutique de libraire. On n'est donc pas surpris d'y rencontrer des typographes dès le mois d'avril 1491. Mathieu Lateron[137], qui, à cette date, louait une maison en la rue Sellerie, édita plus tard avec des types parisiens une traduction française de la *Vie et des miracles de S. Martin* (7 mai 1496), puis le fameux *Manipulus curatorum* (23 août 1497). Il eut, au moins momentanément, un concurrent installé près de lui en la personne du Tourangeau Simon Pourcelet, qui signa, le 10 février 1494, un Bréviaire à l'usage de Saint-Martin de Tours[138].

Plus loin, à NANTES, séjour des ducs de Bretagne, c'était un libraire qui, en 1480, se chargeait de placer le produit des presses étrangères; il allait même jusqu'à Venise pour y faire imprimer le Bréviaire et le Missel du diocèse. Mais, sous le règne de la duchesse Anne, une presse qui devait prospérer s'organisa sous la direction d'Étienne Larcher[139]. Elle débuta, le 15 avril 1493, par une première édition des *Lunettes des princes* de Jean Meschinot, qui fut réimprimée le 8 juin de l'année suivante. Elle produisit encore au XVᵉ siècle des *Heures à l'usage de Nantes* (27 janvier 1499), la *Table de la Coutume de Bretagne* et les *Ordonnances et statuts du Roy*, „faictz ou pays de Bretagne au moys de may l'an 1494"[140].

Les prototypographes d'ANGOULÊME, Pierre Alain et André Cauvain, imitèrent si bien leurs confrères parisiens Guy Marchand, Pierre Le Rouge, Étienne Jehannot et Antoine Caillaut, qu'il est fort difficile de distinguer leurs livres, quand ils ne portent pas d'indications bibliographiques. D'ailleurs, leurs éditions, à l'exception des *Auctores octo* du 17 mai 1491[141] et du *Grecismus* d'Ébrard de Béthune daté du 31 décembre 1493, avaient à peu près disparu, quand M. L. Delisle a eu la bonne fortune d'en retrouver d'autres ou d'importants fragments, dans les reliures de manuscrits qui avaient appartenu à Anne de Polignac[142]. Depuis, on est encore parvenu à leur attribuer de nouvelles impressions avec plus ou moins de certitude[143].

A Angoulême, nous sommes encore en pleine influence parisienne : Limoges et Périgueux en marquent à l'ouest de la France les limites extrêmes. L'atelier de Jean Berton, à LIMOGES[144], qui publia (21 janvier 1495) le Bréviaire, puis (21 août 1500) le Missel du diocèse[145], comme d'ailleurs celui de Jean Carant, à PÉRIGUEUX, qui donna en 1498 le *Resolutorium dubiorum circa celebrationem missarum* de Jean de La Pierre, peut même servir de trait d'union entre les écoles parisienne et lyonnaise.

Ainsi donc, dans toute cette partie de la France que je viens de parcourir, c'est aux Français qu'appartint la prépondérance. Les typographes allemands, d'ailleurs peu nombreux, qui s'y aventurèrent, n'allèrent pas plus loin que Paris : c'était là seulement qu'ils avaient chance d'être parfaitement accueillis et de fonder des établissements durables. Dans le sud et l'est, nous allons le constater, les conditions de la vie étaient tout autres, les villes étaient plus ouvertes ; éloignées de la capitale, avec laquelle elles n'avaient que peu de rapports, elles se rapprochaient beaucoup plus des cités rhénanes par leurs relations commerciales. Aussi l'action des Allemands y fut-elle beaucoup plus sensible.

§ III. ÉCOLE LYONNAISE.

LYON[146] était admirablement placé pour être le point de rencontre des voyageurs venant des villes rhénanes, de la Souabe, du nord de la Suisse, avec ceux qui arrivaient du nord de l'Italie, de l'est et de tout le midi de la France[147]. Siège de foires importantes, rendez-vous des commerçants de tous les pays, cette cité se trouvait sur la route qui mettait la Guyenne, le Languedoc et l'Espagne en communication avec la Bourgogne, l'Allemagne et les Pays-Bas.

Aussi les imprimeurs se dirigèrent-ils nombreux vers une ville, où dès les premiers temps les typographes allemands envoyaient vendre leurs livres[148]. Ce n'est qu'en 1473[149], il est vrai, qu'on constate le fonctionnement de la première presse ; mais presque aussitôt on vit le nouvel art prendre à Lyon un très grand développement : de 1473 à 1500, on y a relevé plus de 160 noms d'imprimeurs[150]. Or, la plupart d'entre eux étaient originaires des pays germaniques : ceux-ci étaient même tellement nombreux, qu'avant le XVIe siècle on confondait tous leurs collègues avec eux sous la dénomination collective d'Allemands[151].

Pendant les premiers temps au moins, ils furent, cela va sans dire, les fidèles disciples des maîtres qui les avaient formés ; mais, vivant dans un centre où se rapprochaient les influences germanique, italienne et française, ils prirent rapidement une physionomie à part, ils eurent un style et des procédés à eux, et exercèrent à leur tour une action sur leurs voisins[152].

Le milieu détermina encore le choix des ouvrages à éditer. A Lyon, pas d'Université, pas de Faculté de théologie ; par conséquent, les livres qui étaient recherchés en la rue Saint-Jacques à Paris, avaient ici un moindre succès. La foule qui par toutes les voies affluait en cette ville, les commerçants et bourgeois aisés qui fréquentaient les foires, avaient d'autres goûts : sans doute, ils achetaient les livres de piété à la mode, mais les livres français[153], surtout de littérature, les romans de chevalerie, les fables et histoires merveilleuses les séduisaient davantage. Lyon possédait encore des écoles de droit très fréquentées : les imprimeurs s'y firent donc aussi une spécialité des ouvrages juridiques. En revanche, on trouva chez eux peu de théologiens, excepté chez Nicolas Philippi, de Vingle et Trechsel; on y rencontra aussi peu de classiques. D'autre part, point d'ouvrages richement enluminés : les livres devaient être bon marché; s'adressant à un public peu raffiné, les illustrations étaient plutôt grossières. Peu à peu pourtant, le goût des artistes réagit et créa des oeuvres vraiment belles.

Quand on étudie de près la condition des imprimeurs lyonnais, on est frappé de la difficulté qu'ils avaient à s'élever à une certaine aisance. Beaucoup d'entre eux étaient tellement pauvres, qu'on jugeait inutile de porter leurs noms sur les livres d'impôts; étaient-ils inscrits, on devait souvent réduire leurs cotisations ou les en décharger complètement[154]. Aussi, fallut-il l'intervention d'un riche marchand, Barthélemy Buyer[155], qui recueillit chez lui et défraya le premier imprimeur, pour que l'art de Gutenberg s'acclimatât en la ville de Lyon. Ce prototypographe fut Guillaume Le Roy, ou Wilhelm König[156]. Originaire du pays de Liège, il aurait fait son apprentissage dans une cité des bords de Rhin et dans un atelier où il aurait eu pour compagnon Jean Koelhoff, qui fut plus tard (1472) à Cologne, et Wendelin de Spire, qui devait s'expatrier à Venise (1470)[157]. Le fait est que ces trois imprimeurs employèrent des caractères paraissant être d'une même origine. Le Roy eut aussi d'autres fontes, notamment une gothique, lourde de forme et d'apparence flamande, dont il avait dû apporter le modèle avec lui et qui lui servit pour ses premiers labeurs[158]; plus tard (vers 1480), il imita les types vénitiens, en particulier ceux d'Erhard Ratdolt[159].

Ses éditions sont toutes comprises entre les années 1473[160] et 1489[161]; mais on constate que, depuis le 4 avril 1480[162], il n'imprimait plus pour Barthélemy Buyer, dont il s'était séparé pour avoir une maison à lui. Buyer conserva cependant sa presse et en confia la direction momentanée très probablement à Nicolas Philippi[163]; il y intéressa aussi son frère Jacques[164], qui prit une part active à l'édition de plusieurs ouvrages. Quant à Le Roy, éditeur de nombreux livres de littérature française[165], un des premiers à Lyon, il appliqua la gravure à l'illustration de ses imprimés: d'abord d'un dessin grossier et d'un style bâtard, inspirés des Flamands ou copiés sur des originaux allemands, ses bois s'améliorèrent peu à peu, surtout lorsqu'il prit à son service des graveurs français[166], qui surent donner à leurs compositions une expression plus vive et une allure plus légère.

Ses premiers concurrents semblent avoir été deux associés allemands : Nicolas Philippi, dit Pistoris[167], originaire de Bensheim près de Darmstadt, et Marc Reinhard, de Strasbourg[168], sans doute le frère du Jean Reinhard, dit Grüninger, qui imprimait dans la ville, théâtre des premières recherches de Gutenberg. L'un et l'autre avaient donc été formés dans des ateliers des bords du Rhin. Arrivés à Lyon dès 1477[169], ils éditèrent une certaine quantité de traités de droit et de livres de piété en latin; en revanche peu d'ouvrages français. Parmi ces derniers cependant, on doit une mention spéciale à une

Légende dorée et à des *Fables d'Ésope* (26 août 1480)[170], qui se recommandent par leurs illustrations. Ils eurent un superbe caractère gothique, gravé et fondu par eux-mêmes; mais ils imitèrent aussi les types de Jean Reinhard à Strasbourg, ou de Ludwig de Renchen à Cologne[171] et ils firent venir de Bâle des modèles en usage chez Jean Amerbach[172].

Leur association une fois dissoute (après le 20 août 1482), ils suivirent des voies différentes: Philippi resta imprimeur à Lyon, entra peut-être chez Barthélemy Buyer, mais parvint à avoir un atelier, où il travailla jusqu'en 1488, date de sa mort, tantôt seul, tantôt avec Jean Dupré[173]. Sa veuve conserva sa maison, fit paraître encore sous son nom une *Pragmatica sanctio* (septembre 1488) et finit par se remarier avec un compatriote de son mari, l'imprimeur Jean Trechsel. Quant à Marc Reinhard, il quitta Lyon avec des assortiments de caractères qu'il porta à Jean Reinhard, à Strasbourg[174]. Il y a donc là un exemple curieux d'influence en retour des presses lyonnaises.

Martin Huss[175], le fondateur du troisième atelier, était aussi un Allemand. Né à Botwar[176], près Marbach dans le Würtemberg, il avait vraisemblablement fait ses premières armes chez les typographes de Bâle. De là, il avait pris la route de Lyon et il avait poussé jusqu'à Toulouse, où nous le verrons imprimer en 1476, avec des caractères empruntés à Michael Wenssler[177]. Mais il revint sur ses pas et se décida à s'établir à Lyon, où il compléta ses assortiments: les uns vinrent de chez Bernhard Richel, de Bâle; les autres semblent avoir été fondus d'après ceux de Johannes Sensenschmidt, de Nuremberg[178]. Il travailla d'abord avec un de ses compatriotes, Jean Siber, avec lequel il signa quelques-unes de ses premières éditions[179]. Cependant, malgré son activité, la fortune lui restait inclémente[180], et après le 14 août 1481, il disparut, sans même exécuter le Missel, que le chapitre de Lyon lui avait commandé le 16 janvier 1479[181]. Son passage mérite cependant une mention spéciale: c'est de chez lui que sortit (26 août 1478) le premier livre français daté, orné de figures sur bois, le *Miroir de la rédemption humaine*. Les 256 bois, d'une exécution „rudimentaire et précieuse"[182], qui illustrent cet ouvrage, venaient directement de Bâle, où ils avaient servi à Bernhard Richel pour une édition allemande du même traité (31 août 1476)[183].

Après le départ de son ex-associé, Siber monta un nouvel établissement typographique (1482) et se laissa influencer par les Vénitiens pour la fonte de ses caractères. Il ne publia qu'à intervalles plus ou moins éloignés et dut même recourir à Jacques Buyer, en 1498, pour couvrir les frais d'une édition des *Distinctiones* d'Henri Bohic[184].

L'année même où il était arrivé à Lyon (1478), l'Allemand Gaspard Ortuin[185] vint aussi ouvrir un atelier, qui n'eut guère non plus de prospérité et dont on n'a signalé jusqu'ici que peu d'éditions[186]. Le roman de *Mélusine*, qu'il publia vers 1486, dénote son association avec un de ses compatriotes, Pierre Schenck, précédemment imprimeur à Vienne dans le Dauphiné[187]. D'ailleurs, pour ce volume, tous deux avaient emprunté des bois à Guillaume Le Roy[188].

Perrin Le Masson *(Lathomi)*[189], arrivé de Lorraine à Lyon pour exercer l'art auquel il s'était certainement formé dans les villes rhénanes, réussit à publier une Bible latine en 1479; mais on le perd de vue pendant de longues années, et quand on retrouve des produits de sa presse (1493-1494), ils sont signés de son nom accompagné de ceux de Boniface Jean, de Bergame[190], et de Jean de Villevieille[191].

Il en fut autrement de Mathias Huss[192], peut-être parent et successeur de Martin Huss, qui, dès le 12 mai 1482, publiait à Lyon une nouvelle édition du *Miroir de la rédemption humaine*[193]. Il fut, lui, des plus habiles et des plus féconds : pendant près de trente années, tantôt seul, tantôt avec le concours de Pierre de Hongrie (1483)[194], de Jean Schabler, dit Wattenschnee, de Botwar (1483–1484)[195], ou de Jacques Buyer (1487 et 1499), il lança sur le marché de nombreux livres, souvent remarqués pour leurs illustrations. Il avait adjoint en effet à son imprimerie un atelier de gravure sur bois, où travaillèrent d'abord des Allemands, qui, selon M. Rondot[196], venaient d'Augsbourg où copiaient les planches employées dans cette ville. Ses ouvriers imitèrent cependant d'autres modèles encore : on a retrouvé dans un *Breviarium decretorum* sorti de sa maison (6 juillet 1484), un bois de style florentin qui avait servi à Milan en 1478 et 1479[197]. Plus tard, l'influence française prédomina[198].

Mathias Huss avait pris avec Pierre de Hongrie, un collaborateur qui avait déjà fait ses preuves. Celui-ci avait imprimé, en 1482, au moins deux volumes : l'un, le *Vocabularius breviloquus*, avait été copié sur l'édition que Jean Amerbach en avait donnée à Bâle deux ans auparavant[199]. Il ne resta pas longtemps avec Huss et revint assez vite à son atelier : par malheur, on n'a conservé que peu de ses ouvrages[200].

Les caractères qu'il avait possédés avant son association avec Huss, passèrent probablement en partie entre les mains de Sixte Glockengiesser[201], venu de Nördlingen à Lyon, où il résida de 1485 à 1499. On n'a guère signalé qu'un traité d'Augustin d'Ancône, qui ait paru avec sa signature[202]. Il se trouvait donc confondu dans cette foule d'imprimeurs étrangers, qui, à peu près dénués de ressources, publiaient à peine quelques opuscules ou livres d'un usage courant. Parmi eux vint se réfugier un typographe, dont le nom est maintenant célèbre : le fameux Jean Neumeister[203].

Mayence avait été sa ville natale, et Gutenberg l'avait très probablement compté au nombre de ses ouvriers[204]. Il est difficile de le suivre pendant les premières années après la fermeture de l'atelier du maître, mais en 1470 il était installé à Foligno avec quelques compatriotes : il y eut l'honneur de publier entre autres ouvrages, aux frais d'un riche commanditaire Emiliano Orsini, la première édition de la *Divine comédie* (1472). Après cela, il disparut encore : on le retrouva à Mayence, où il resta le temps nécessaire, pour composer, avec des caractères qu'on rencontra dans la suite chez Schöffer[205], les *Meditationes* de Jean de Torquemada (3 septembre 1479) et l'*Agenda ecclesiae Maguntinensis.* Puis il remonta le Rhin jusqu'à Bâle et suivit la grande migration des typographes allemands, qui prenaient la route de Lyon et du Languedoc. Il ne s'arrêta qu'à Albi ; je dirai plus loin à quels travaux il s'y livra. Mais, au bout de quelques années, il revint encore sur ses pas jusqu'à Lyon, où il est signalé dès 1485. Ce fut la dernière étape de sa vie errante : installé d'abord dans la maison de Claude Gibolet en la rue Mercière, il imprima, avec les caractères fondus par Nicolas Wolf[206], qui lui servaient d'ailleurs depuis le commencement de son séjour à Albi, le fameux Missel de Lyon (1487), un véritable chef-d'oeuvre[207]. Le manque de ressources fut sans doute la cause du chômage de son atelier, qui devait attendre les commandes pour produire : à peine signale-t-on qui en soient sortis une édition non datée de la *Vita Antechristi*[208], le Bréviaire de l'église de Vienne (24 janvier 1490), un *Rationale* de Guillaume Durand[209], et enfin le Missel d'Uzès, livré à l'évêque Nicolas Maugras, le 5 août 1495. Il est à remarquer que, pour ce dernier labeur, Neumeister avait été obligé de s'associer avec un de ses collègues Michel Topié. Sa situation de fortune était restée en effet très précaire: en 1498, il n'avait plus de presse à lui et avait dû se placer comme ouvrier chez son ex-associé Topié. Il reprit plus tard (1503), il est vrai, le titre de maître, mais on n'a pas conservé le souvenir de ses nouveaux travaux. Sa vie, consacrée tout entière à l'art typo-graphique qu'il avait étudié auprès de l'inventeur et qu'il avait propagé dans divers pays de l'Europe, est un spécimen parfait de l'existence rude et active que mena plus d'un imprimeur des premiers temps; à ce titre elle méritait ici une mention toute spéciale.

Michel Topié[210], dont le nom vient d'être prononcé, était natif de Pyrmont (diocèse de Münster). Associé avec l'Allemand Jacques de Herrnberg[211], il avait donné, le 28 novembre 1488, le précieux volume des *Saintes pérégrinations de Jérusalem,* traduit de Bernard de Breydenbach par Nicolas Le Huen[212]. C'est là que se trouvent, avec d'autres gravures sur bois, les premières estampes sur cuivre en taille douce qui aient paru dans un livre français: or, elles sont imitées, presque servilement, des planches taillées sur bois qu' Ehrard Reuwich, à Mayence, avait intercalées moins de deux ans auparavant dans une édition latine du même ouvrage[213]. Dès le 7 novembre 1492, Jacques de Herrnberg s'était séparé de son compagnon, qui signa seul le Missel de Clermont. Trois ans plus tard, on se le rappelle, Topié travaillait avec Neumeister, mais il devint bientôt lui-même le chef de la maison, où Neumeister et François Dalmès[214] (ancien patron lui aussi) n'étaient plus qu'ouvriers. C'est de là que sortirent le Missel romain du 31 mars 1498, le Bréviaire d'Aix de 1499 et le Bréviaire de Saint-Ruf de 1500.

A Lyon Neumeister avait assisté à l'arrivée d'un de ses compatriotes appelé à une certaine renommée: Jean Trechsel[215], de Mayence. Le premier atelier, que celui-ci diri-gea en 1487, dut ne produire que très peu, car on n'en a pas encore signalé d'édition. Mais Trechsel, ayant épousé la veuve de Nicolas Philippi, prit la succession industrielle de cet imprimeur. Comme il fallait réassortir les caractères, il en grava une partie lui-même[216] et se procura le reste chez les fondeurs lyonnais[217]. Le 9 février 1489, parut son premier ouvrage dans cette nouvelle maison, et dès lors ses presses fonctionnèrent avec l'activité la plus féconde et avec le plus grand succès. Il est vrai qu'il eut le mérite d'attacher à son imprimerie un humaniste des plus savants, l'illustre Flamand Josse Bade (*Jodocus Badius Ascensius*), qui, après avoir séjourné en Italie, était venu à Valence puis à Lyon, professer les lettres grecques et latines. L'édition des *Orationes et poe-mata Beroaldi,* parue le 4 septembre 1492[218], manifesta la part que prenait Josse Bade dans les publications de Trechsel: il préparait, corrigeait, annotait et commentait les textes à imprimer[219]. Ces liens furent encore resserrés par le mariage de l'humaniste avec Thalie, fille d'un premier mariage du typographe[220]. Grâce donc à cette précieuse collaboration, les éditions de Trechsel furent des plus recherchées; elles faisaient de lui un des plus importants imprimeurs lyonnais. Sa carrière, malheureusement, ne fut pas longue: il mourut pendant la composition des *Libri canonis* d'Avicenne. Cet ouvrage fut terminé, le 24 décembre 1498, par un autre typographe, Jean Klein, qui prit aussi la suite de son établissement, en épousant sa veuve; celle-ci contractait ainsi un troisième mariage. Quant à Josse Bade, en relations constantes avec les éditeurs parisiens, il se rendit aux exhortations de Robert Gaguin[221], et alla s'établir à son tour à Paris comme libraire et imprimeur.

Jean Klein[222], alias „Schwab“, „Suabe“, était très probablement arrivé de la Souabe, d'où son nom. On a prétendu qu'il travaillait à Lyon dès 1488 ou 1489, mais il est à peu près certain qu'il n'était venu que bien plus tard[223]. Il est à supposer qu'il entra dans l'atelier de Trechsel, ce qui lui permit de terminer l'Avicenne et de succéder à son ancien patron, dont il conserva tout le matériel et dont il copia même la marque en modifiant seulement les initiales.

Parmi les nombreux Allemands, qui, avant ou en même temps que lui, ouvrirent à Lyon des ateliers typographiques, il y en eut trois qui méritent encore d'être mentionnés: Jean Schmidt *(Johannes Fabri)*, Michael Wenssler et Nicolas Wolf. Le premier[224], signalé dès 1482, ne semble guère avoir imprimé avant 1490; ses éditions, assez rares, s'échelonnent le long des années 1490, 1491, 1493 et 1494.

Michael Wenssler[225], de Strasbourg, avait peut-être été le premier typographe de Bâle[226]. Ancien étudiant de l'Université de cette ville, il s'était consacré tout entier à l'art nouveau; mais la fortune ne lui avait pas souri, et après avoir vendu son atelier à Jacques Steinacker (1490), il avait dû s'expatrier. Grâce à Mathias Huss, qui lui loua sans doute une partie de son matériel, il put exécuter à Cluny, puis à Mâcon, les travaux que je signalerai ci-après (1493–1494). Mais il n'y avait guère qu'à Lyon où il pût espérer un travail suivi: il vint donc s'installer dans cette ville dans le courant de 1494. Le 1er avril de l'année suivante, il y donna une édition du *Sexte*, qu'il fit suivre, les 13 mai et 4 décembre 1495, des *Clémentines* et du *Décret* de Gratien[227]. Son nom retombe après cela dans l'obscurité, mais on sait qu'en 1498 il était encore à Lyon et conservait sa qualité d'imprimeur[228].

Quant à Nicolas Wolf[229], né à Lutter, dans le duché de Brunswick, il fut un des premiers fondeurs de caractères qui se soient consacrés exclusivement à cette industrie: Neumeister, Balsarin, Klein, Trechsel, de Vingle, Dupré, pour ne citer que ceux-là, furent ses clients. Cependant il était en trop bonne situation pour ne pas essayer de monter lui aussi un atelier typographique. Et de fait il s'y décida et ne parut pas avoir à s'en repentir. Son premier livre connu est du 18 novembre 1498, et dès cette époque ses éditions se succédèrent avec une rapidité de bon augure[230].

Tous les imprimeurs, que je viens de signaler, représentèrent à Lyon l'élément germanique, ils furent les propagateurs des méthodes en usage dans les villes rhénanes. Mais à côté d'eux s'exerçaient une influence française si vivace et si profonde qu'elle finit par l'emporter, et une influence italienne due surtout aux Vénitiens. Cette dernière, dont plusieurs Allemands n'ont pas été indemnes[231], était la conséquence des incessantes relations commerciales de la ville de Lyon avec le nord de l'Italie; elle fut augmentée encore par l'arrivée de typographes originaires de cette région ou qui y avaient travaillé. Parmi eux, il y a lieu de citer, avec les associés déjà mentionnés de Perrin Le Masson, Janon Carcagni, Marino Saraceni, Jacobino Suigo, Nicolas de Benedictis, Bonin de Boninis et Jacobo Zacchoni, dit Arnollet.

Carcagni[232] se trouvait à Lyon dès 1485 et publiait, le 23 juin 1486, le Bréviaire de l'église de cette ville[233], qu'il réédita le 5 mars 1499. Les caractères qu'il y employa sont bien italiens et ressemblent quelquefois à s'y méprendre à ceux qui étaient usités à Bologne et à Rome, notamment chez Eucharius Silber. Ceux qu'apporta Marino Saraceni[234] étaient plutôt vénitiens[235]. Il arrivait en effet tout droit de Venise[236] et publia.

avec Antoine Lambillon, le 2 mai 1491, le *Lilium medicinale* de Gordon. Mais c'est
à peine s'il resta deux années dans la cité lyonnaise: il disparut après avoir édité l'*Aurea
practica libellorum* (15 février 1493)[237]. Même son associé Lambillon[238] cessa bientôt
aussi ses travaux typographiques[239].

Jacobino Suigo[240], de San Germano (Piémont), après avoir imprimé dans son pays
natal (1484), à Verceil (1485) et à Chivasso (1486), s'était échoué à Venise en 1487,
d'où il data un de ses ouvrages. Mais il en était reparti après avoir renouvelé son
matériel et s'était établi à Turin, en octobre 1487. Là il avait fait un plus long séjour;
pourtant, en 1496, avant d'avoir fermé l'atelier qu'il y avait monté, il était venu en ouvrir
un autre à Lyon[241], où il imprima „cum litteris venetis". Ce fut, semble-t-il, sa dernière
étape[242]; il y eut pour associé, un Catalan, Nicolas de Benedictis[243], qui arrivait certainement encore de Venise, où il avait signé, en 1481, une édition des *Institutes* de Justinien[244].
Le même Nicolas de Benedictis devint aussi (1509, 1510) un collaborateur de Jacobo
Zacchoni, le compatriote de Suigo[245], qui débuta à Lyon, en 1498, avec des caractères
vénitiens et qui entretint de si nombreuses relations avec les Koberger de Nuremberg.

Bonin de Boninis[246], arrivé quelques années auparavant (1491), se contenta pendant
les premières années de faire le commerce des livres; pourtant il doit être cité comme
un des meilleurs agents de l'influence italienne. Né à Raguse, il avait exercé l'art typographique à Venise en 1478, puis à Vérone de 1481 à 1483 et enfin à Brescia jusqu'en 1491. Peut-être se décida-t-il à établir une nouvelle presse à Lyon en 1499,
car on a de lui de superbes éditions de cette date, avec gravures dues à des artistes de
l'Italie[247].

Mais c'est assez s'occuper des imprimeurs étrangers: les Français qui ont exercé à
Lyon ont droit aussi à une mention fort honorable, d'autant plus que parmi eux il y eut
des graveurs d'un grand talent qui perfectionnèrent l'art du livre. Comme typographes,
Guillaume Balsarin[248], imprimeur du roi en 1502, Jean Dupré, Jacques Maillet, Pierre
Maréchal et Barnabé Chaussard, Jean de Vingle, Jean Bachelier et Pierre Bartelot, Claude
Daygne, Jean Pivard et François Fradin, Jacques Arnollet, etc., ne restèrent pas au-
dessous de leurs concurrents allemands ou italiens.

Jean Dupré[249] est certainement un des plus connus et ses éditions sont de celles qui
ont eu un aspect des plus artistiques. D'ailleurs n'avait-il pas un atelier de gravure[250], où
travaillaient jusqu'à 17 ouvriers de divers pays? Il venait, selon toute vraisemblance[251], de
Salins, où il avait imprimé de 1483 à 1485. Ses débuts à Lyon eurent lieu dans l'atelier
de Philippi, avec lequel il signa une édition française des *Vitae patrum* de S. Jérôme
(janvier 1487)[252]; mais, quelques mois après cette dernière date, il était seul à publier une
Postilla Guillermi super evangelia et épistolas (30 novembre 1487)[253]. Il ne tarda pas à
se distinguer, comme il le dit lui-même, „arte et ingenio"; aussi sa réputation s'étendit-
elle dans les pays voisins. Il fut appelé à Uzès et à Avignon en 1493 et 1497, mais après
chacun de ses voyages il revint à Lyon, où il imprima jusqu'en 1503.

Jacques Maillet[254], établi peut-être à Lyon dès 1483[255], comme le Bressois Pierre
Maréchal[256] et Barnabé Chaussard[257], de Nevers, qui furent associés de 1493 à 1511, se
recommanda par de très intéressantes éditions de livres français, qu'il exportait dans
le nord de l'Italie. Il posséda même un dépôt à Venise, où il eut la qualité de libraire-
juré; le 14 avril 1500, il y mettait en vente le nouveau Missel de Besançon[258].

Je passerai rapidement sur les noms de Jean Bachelier[259] et de Pierre Bartelot[260], qui travaillaient ensemble dès le 14 juillet 1496; de Claude Daygne, dit Vicaire[261], originaire de Salins, qui après avoir été compagnon (1490–1492) du Berrichon Jacques Arnollet, imprima pour son propre compte (1497 et 1498) avec des caractères imités de Paris; du même Arnollet[262], qui paraît s'être approvisionné de matériel à Paris et a été cité, sans preuves bien apparentes, parmi les typographes génevois; de Jean Pivard[263] et du Poitevin François Fradin[264], d'abord associés (1497), puis imprimeurs dans des ateliers séparés. Mais il est, une mention toute particulière à faire du Picard Jean de Vingle[265], dit d'Ambeville, qui, sans avoir la renommée de Jean Dupré, se fit avantageusement connaître, dès 1494, par ses nombreuses éditions, surtout de classiques et de romans de chevalerie.

Il y aurait encore bien des choses à ajouter; mais il faut se borner. Ce qui précède donnera peut-être une idée de la part prise à Lyon par les Allemands, les Italiens et les Français dans la pratique de l'imprimerie. Il s'agit maintenant de montrer le rayonnement de leur influence et d'indiquer comment se rattachent à eux les typographes qui ont exercé dans tout le sud et l'est de la France.

Au point de vue typographique, TOULOUSE, véritable capitale du sud-ouest de la France[266], n'est guère que le prolongement de Lyon. Il se faisait en effet entre les deux cités un échange industriel et commercial des plus constants; les marchands qui vendaient à Lyon les livres publiés en Allemagne, en Italie ou à Paris, se rendaient à Toulouse[267]. Les premiers imprimeurs, qui vinrent de la Germanie en Languedoc, passaient par l'étape intermédiaire de Lyon et y conservaient des relations: plusieurs même, je le marquerai plus loin, durent s'y fournir de caractères. La parfaite similitude des papiers employés pour les éditions de l'une et l'autre ville, augmentait encore l'air de parenté qu'elles avaient entre elles. Sans insister sur ces rapprochements, on peut aussi faire observer que, même lorsque les presses toulousaines furent en pleine activité, on s'adressait à Lyon pour certains labeurs. Michel Topié imprimait les Ordonnances pour le Languedoc[268]; le Missel d'Auch de 1491, dont le marchand toulousain Hugues „de Cossio" fit les frais, comme l e Missel de Toulouse édité par Étienne Clébat en 1490, était illustré de gravures signées du maître lyonnais I. D[269].

Aussi à peine l'imprimerie fut-elle introduite à Lyon qu'elle se propagea à Toulouse. L'époque précise où cet événement a eu lieu n'est pas connue. Sans doute on a cité une édition de la vie de sainte Jeanne, qui aurait été faite avant le 14 mars 1475[270], mais on n'a pas à ce sujet de document bien probant. Cette date n'aurait rien qui surprenne, car on eut des volumes imprimés à Toulouse dès le 20 juin 1476. Ils étaient l'oeuvre d'un typographe resté longtemps anonyme et dont le Dr. Desbarreaux-Bernard[271] et Mlle. Pellechet[272] ont dévoilé la personnalité: c'est Martin Huss, de Botwar, celui que l'on retrouva plus tard à Lyon. Il était arrivé de Bâle, d'où il avait apporté un matériel acheté en partie chez Michael Wenssler[273]. Probablement il n'était pas seul et avait emmené avec lui un de ses compatriotes: l'Allemand Henri „Tornerii" (Dreher?), dont on constate la misère en 1483, devait être avec lui. D'ailleurs, peut-être est-il possible d'interpréter les lettres H T D B M H O, qui terminent le *De sponsalibus* d'Antonin de Florence imprimé avec les caractères de Huss, comme un témoignage de l'association de ces deux typographes: „Henrici Tornerii, de Botwar, [et] Martini Huss opus"[274].

Martin Huss a donné à Toulouse un certain nombre d'éditions[275]; mais il n'en a signé aucune, et il n'en a daté qu'une seule du 20 juin 1476. Son séjour en cette ville dut être relativement court, car l'année suivante il était à Lyon avec les caractères provenant de chez Wenssler. On a remarqué[276] qu'à Toulouse il avait pu avoir pour collaborateur Jean Siber, qui imprima avec lui à Lyon, ou tout au moins tenir de lui un assortiment qu'à son départ il aurait laissé à Parix. Cela n'est pas impossible et je ne suis pas éloigné de croire que dans le premier atelier toulousain Martin Huss, Henri „Tornerii", Jean Siber et même Jean Parix avaient travaillé côte à côte. Mais Huss et Siber disparurent vite[277]; „Tornerii" et Parix contractèrent sans doute alors l'association constatée en 1483, lorsque ce dernier prit à son compte une dette de son collègue[278].

Si on ne sait rien de plus de „Tornerii"[279], Parix a laissé plus de souvenirs. Originaire d'Heidelberg, il vécut à Toulouse jusqu'en 1502[280]. Les ouvrages qu'on lui connaisse avec dates certaines sont de 1479 à 1482 et 1489; il faut encore observer que beaucoup d'autres sont sans aucune indication bibliographique[281]. En grande majorité, ils traitent des matières de droit, ce qui s'explique dans une ville universitaire; mais on y remarque aussi des livres en langue espagnole. Il avait d'ailleurs des dépôts en Espagne, par exemple à Valence, Pampelune et Saragosse[282]. En 1489, il signait ses éditions avec Étienne Clébat, Allemand, qui était plutôt „molayre de libres", ou fondeur de caractères, qu'imprimeur[283].

Le typographe le plus actif de Toulouse fut certainement Henri Mayer, qui était arrivé d'Allemagne et peut-être de Bâle[284], en 1484 au plus tard. Du reste, nombreux furent ses ouvriers et collaborateurs: on sait les noms d'un certain nombre[285], André Schmidt (1485–1490), Jean de Kreuznach (1490–1491)[286], le marchand de livres Pierre de Hongrie (1491–1492)[287], les imprimeurs Jean de Bazaler, Jacques Balter (Walter?), Vordelin Urterin (1492), Jean Jourdan, Jean Burger, Jean Kubler, de Thann; Ambroise Brockseser, etc. et peut-être encore Bernard Intzverger, de Spire[288]. Comme on le voit, la plupart étaient de la même nationalité que Mayer. Un tel atelier ne pouvait qu'être bien fourni de matériel; les impressions de Mayer sont certainement les plus belles et les mieux soignées de Toulouse.

Nous savons d'ailleurs positivement que lui-même, versé dans l'érudition, entretenait des relations assez étroites avec Trechsel, le fondeur et imprimeur de Lyon, au point de préparer une édition pour lui[289]. Selon toute vraisemblance, c'est par son intermédiaire qu'il acquit au moins une partie des caractères lyonnais[290] qu'il employa.

La liste des ouvrages que l'on a relevés comme imprimés par lui est déjà longue et il est certain qu'elle recevra encore de notables accroissements, surtout après l'exploration des bibliothèques d'Espagne[291]. Mayer édita, en effet, beaucoup de livres espagnols fort recherchés aujourd'hui[292]. Il dut mourir tout à fait à la fin du XVe siècle. Parix acheta son matériel et le rétrocéda, le 8 avril 1501, au libraire Jean Grandjean, qui le repassa encore, le 9 juillet suivant, moyennant 200 écus, au papetier Thibaud Monin et à l'imprimeur Nicolas Garaud[293].

On a cité aussi parmi les typographes toulousains du XVe siècle, l'Allemand Jean de Guerlins, de qui l'on a une édition des Ordonnances royales pour le Languedoc, promulguées à la fin de l'année 1490[294]. Mais il n'est pas du tout certain que cet imprimeur, qui se trouvait à Braga en 1494, à Monterey en 1496 et à Barcelone en 1498, ait exercé à Toulouse avant 1513.

Les typographes, qui d'Allemagne et de Lyon prirent le chemin du Languedoc, ne s'arrêtèrent pas tous à Toulouse: il s'en trouva en effet de bonne heure dans la ville voisine d'ALBI. On croit généralement[295] que c'est Jean Neumeister, qui vint de Mayence y exercer le premier l'art de Gutenberg: il aurait imprimé, vers 1480–1481, avec des caractères romains l'*Epistola Aeneae Sylvii de amoris remedio* et l'*Historia septem sapientum*, puis avec des caractères gothiques une nouvelle édition des *Meditationes* de Jean de Torquemada (17 novembre 1481) et enfin, vers 1484, un Missel romain[296]. Il serait facile de démontrer l'erreur de critique sur laquelle ce système fragile était échafaudé[297]. Et de fait, il est certain que ce n'est pas Neumeister qui a imprimé ces quatre livres: le 3 septembre 1479, il était encore à Mayence[298]; or, le *Tractatus maleficiorum* d'Ange de Aretio, composé avec les mêmes caractères que l'Aeneas Sylvius et l'*Historia septem sapientum*, est daté du 15 avril 1477.

Cet ouvrage et tous ceux qui lui ressemblent sont donc d'un typographe qui exerçait déjà en 1477, et qui composa en Albi l'Aeneas Sylvius[299]. A cet anonyme appartiennent donc, outre les trois éditions ci-dessus mentionnées, une *Admonitio de profectu animae*[300], les *Casus breves* de Jean André[301], une *Summa* de Barthélemy de San Concordio[302], une *Orthographia* de Gasparino Barzizi[303], un *Liber pastoralis* de S. Grégoire[304], des *Soliloquia* de S. Isidore[305] et un *Manipulus curatorum*[306].

Neumeister vint en second lieu: il publia, le 17 novembre 1481, les Méditations de Torquemada, qu'il illustra avec les gravures interrasiles qui lui avaient servi à Mayence en 1479. Il y employa des caractères empruntés à Martin Huss, de Lyon, et que celui-ci avait fait graver d'après les modèles de Sensenschmidt[307]. D'ailleurs, Lyon semble avoir été son centre d'approvisionnement: c'est Nicolas Wolf qui lui fournit les caractères du Missel romain paru à Albi à une époque impossible à préciser. Nous savons qu'en quittant le Languedoc, Neumeister se réfugia à Lyon[308].

A peu près à la même époque qu'à Toulouse et Albi, l'imprimerie s'introduisait à VIENNE en Dauphiné[309]: un Allemand, qui signait „Johannes Solidi", y était installé dès 1478 au moins, et y publiait la *Litigatio Satanae contra genus humanum*. Ce n'était certainement pas là son premier labeur, car on peut citer des éditions avec des caractères identiques et moins fatigués. Ces éditions ont d'ailleurs une ressemblance frappante avec d'autres, provenant d'ateliers de Trêves, Metz et Cologne; mais c'est à Cologne que paraît avoir existé le type original d'où sont dérivés les autres[310]. Peut-être Solidi a-t-il travaillé d'abord dans cette ville et faut-il attribuer à cette période de son existence la composition de certains volumes.

En tout cas, il était à Vienne en 1478. L'établissement typographique qu'il y monta n'est guère bien connu. On lui a attribué[311] trois séries d'ouvrages; mais j'éliminerai d'abord les éditions semblables à la *Philosophia pauperum* d'Albert le Grand, qui ne me paraissent pas suffisamment être de lui. Les deux groupes restants ont pour types, l'un la *Litigatio Satanae* de 1478 et une première édition des *Statuta concilii Viennensis*, exécutée avant la fin de la même année[312]; l'autre, la seconde édition des mêmes *Statuta*[313] et le *Speculum sapientiae* de S. Cyrille[314]. Pour tous ces ouvrages les caractères ont bien le même aspect, mais pour ceux de la dernière catégorie on s'est servi d'une nouvelle fonte, dans laquelle des capitales d'un style semi-gothique ont éliminé un certain nombre de capitales primitives.

Le premier de ces deux groupes semble bien être l'oeuvre de Solidi à Vienne; il comprend un certain nombre d'opuscules ou traités, dont la liste provisoire a été donnée par Mlle. Pellechet sous la désignation de type C[315]. Il est à peu près certain que Solidi inaugura également la dernière série et qu'il fit par exemple les deux tirages des *Statuta Viennensia*, que l'on a conservés à Grenoble[316]; mais il dut mourir bientôt, et son matériel passa entièrement à Éberhard Frommolt, de Bâle[317], qui était peut-être un de ses anciens ouvriers. Frommolt continua les travaux de Solidi et publia plusieurs éditions connues[318]; il en signa même deux de son nom, qu'il data des 24 juin et 19 novembre 1481[319]. Il n'y a pas de raisons de croire qu'il les ait imprimées ailleurs qu'à Vienne.

Peu de temps après lui, un autre Allemand, Pierre Schenck, celui qui alla plus tard (1485) à Lyon s'associer avec Gaspard Ortuin, avait fondé à Vienne un nouvel atelier. Il y a signé une édition (1484) avec gravures sur bois de l'ouvrage *l'Abuzé en court*, fort connu à Lyon où il avait d'abord paru, un *Traité des eaux artificieles*[320], le *Congié pris du siècle séculier* et les *Sept pseaulmes mis en françois*[321]. L'identité absolue des caractères lui fait encore attribuer une *Histoire de Grisélidis* et une *Vie de Jésus-Christ*[322], illustrée de bois qui ornèrent une autre édition du même ouvrage donnée par Guillaume Le Roy, à Lyon, en 1488[323].

La Franche-Comté, en relations constantes avec Lyon et les cités rhénanes, devait fatalement avoir au XVe siècle la visite d'imprimeurs. Besançon, en particulier, avait un marché de livres des mieux achalandés, et nous savons par maints documents que, depuis 1470 au moins, les ouvrages édités à Cologne, Bâle, Strasbourg, Lyon et même Venise, Milan, Rome et Naples y arrivaient, quelquefois immédiatement après leur publication[324]. De même, lorsqu'on songea à imprimer les livres liturgiques de la province, c'est à Bâle, chez Bernhard Richel[325], que l'on s'adressa.

Toutefois ce ne fut pas dans la capitale de la Franche-Comté, mais à SALINS que s'établit la première presse[326]. On a supposé que des raisons politiques avaient déterminé le choix de cette ville; l'influence de l'archevêque Charles de Neufchâtel et la protection accordée par les chanoines de Saint-Anatoile de Salins expliqueraient la création de l'atelier, que dirigea dès 1483[327] un certain „Johannes de Pratis". Ce typographe y composa en 1484 le Bréviaire de Besançon[328] et en 1485 le Missel du même diocèse, ce dernier ouvrage avec la collaboration de Benoît Bigot et Claude Bodram[329]. Puis il disparut; sans doute il alla de là à Lyon, où dès janvier 1487, le célèbre „Johannes de Prato", probablement le même personnage, travaillait avec Nicolas Philippi[330].

A l'initiative de Jean Amerbach, de Bâle, sont dues les autres impressions exécutées en Franche-Comté au XVe siècle. Le prêtre d'Augsbourg, Pierre Metlinger, ancien étudiant de Bâle[331], qui vint faire rouler ses presses à Besançon, Dôle et Dijon, n'était que son délégué ou représentant. C'est à BESANÇON[332] que Amerbach l'envoya d'abord, avec des bois pour initiales qu'il avait déjà employés et les trois séries de caractères qu'il avait fondues d'après les modèles d'Adolf Rusch, l'imprimeur strasbourgeois[333]. Avec ce matériel il commença par éditer en 1487 le *Regimen sanitatis* d'Arnaud de Villeneuve, et peut-être le *Liber physionomiae* de Michel Scotus[334]; il entreprit ensuite la publication d'un in-folio divisible en deux parties au gré des acheteurs : la première comprenait les *Statuts synodaux* de l'église de Besançon et le *Speculum sacerdotum ;* la seconde, le *Speculum animae peccatricis* de Denys le Chartreux, les *Canones poenitentiales,* le *De horis canonicis dicendis,* l'*Ars bene moriendi* et le *Speculum ecclesiae* d'Hugues de Saint-Cher. Le tout fut terminé le 1er mars 1488. Enfin Metlinger, dans le courant de la même année, donna une édition in - 4⁰ des mêmes opuscules, avec en moins les *Statuts* et en plus le *Speculum humanae vitae* de Rodrigue de Zamora et le *Speculum conversionis peccatorum*[335].

Puis, il reprit son bagage[336], et sur l'ordre sans doute d'Amerbach, il se transporta en la ville de DÔLE, siége du parlement de Franche-Comté[337]. Il s'agissait d'imprimer, d'une part, les *Coutumes et ordonnances du parlement du comté de Bourgogne,* complétées par les ordonnances édictées à Salins en 1481 et 1489, et d'autre part, les *Coutumes générales et ordonnances des parlements du duché de Bourgogne.* De ces deux in-folios, le premier fut achevé le 31 mai 1490 ; le second, à peu près de la même importance, ne fut pas daté[338].

L'année suivante, Metlinger avait quitté Dôle [339] pour la ville de DIJON, déjà très fréquentée par les marchands de livres imprimés[340]. Sa venue fut certainement provoquée par Conrad de Leonberg, secrétaire de l'abbé de Cîteaux, qui était en correspondance avec Amerbach[341]. La preuve en est qu'il fut installé dans la maison du Petit-Cîteaux, en la rue Saint-Philibert, et qu'il exécuta seulement les travaux qui lui furent confiés par l'abbé Jean de Cirey. Ce fut d'abord la *Collectio privilegiorum ordinis Cisterciensis,* suivie d'un abrégé de la vie des saints de l'ordre[342], qui fut achevée le 4 juillet 1491. Remarquons que, pour en composer le texte, Metlinger dut demander à Amerbach de lui faire parvenir de nouveaux caractères[343].

L'abbé de Cîteaux lui donna encore à imprimer la *Disputatio inter inferiora corpora et superiora* de Mafeo Vegio, dont il fit les frais (4 août 1492), ainsi qu'une *Vie de S. Bernard*[344]. Peut-être lui confia-t-il encore d'autres labeurs[345], mais on n'en a conservé aucun souvenir. Sa mission accomplie, Metlinger fit reprendre à ses ouvriers et à son matériel le chemin de Bâle ; quant à lui, on l'a signalé à la fin du XVe siècle à Paris, où il gérait les intérêts d'Amerbach[346].

Son exemple ne tarda pas à être suivi par un autre imprimeur de Bâle, le Strasbourgeois Michael Wenssler. J'ai déjà dit qu'après avoir exercé pendant de longues années, ce typographe avait été ruiné et avait vendu son atelier le 20 mars 1490. On cite bien deux éditions en petits caractères qu'il signa à Bâle les 1er mars et 1er avril 1491 ; mais comme on a retrouvé les mêmes éléments typographiques chez Amerbach, on a pensé que c'est ce dernier qui les a faites pour le compte de Wenssler[347]. La difficulté est maintenant de savoir par qui et où a été imprimé, avec ces mêmes caractères, le Bréviaire de Cluny de 1492 ; faut-il croire que l'abbé de Cluny a fait exécuter ce labeur pas Jean Amerbach à Bâle, ou que Amerbach a confié une partie de son matériel à Wenssler, pour venir en France ? La question reste douteuse, quoi qu'on ait dit à ce sujet[348].

Wenssler fut certainement à CLUNY en 1493. Il termina, dans les bâtiments de cette abbaye[349], le Missel et le Psautier à l'usage des religieux de l'ordre, aux dates des 9 juin 1493 et 22 janvier 1494[350]. Ces volumes, qui témoignent de son habileté professionnelle, ont été composés avec de magnifiques caractères, qui ne provenaient ni du fonds d'Amerbach, ni du sien propre : mais c'étaient de semblables qui avaient permis à Mathias Huss d'éditer à Lyon le Missel romain de 1485. Il est donc vraisemblable que Wenssler les avait loués à Huss.

Ces types se retrouvent dans des fragments d'autres livres liturgiques, par exemple d'un second Missel de Cluny et d'un grand Bréviaire[351], qui ont été retrouvés avec des feuillets du Psautier de Cluny de 1494. Wenssler les composa peut-être encore dans la même abbaye, en 1492 ou 1493.

Mais, avant l'achèvement de son Psautier, il avait envoyé à MÀCON une équipe d'ouvriers, qu'il alla rejoindre aussitôt après. Ce fut pour publier, le 10 mars 1494[352], un Diurnal, en 400 feuillets in - 8⁰, à l'usage de l'église Saint-Vincent de Mâcon, et aux frais d'un ou de plusieurs marchands de cette ville[353]. Ensuite il se dirigea vers Lyon, où nous l'avons trouvé fixé dès 1494.

Quelques mois auparavant, l'imprimeur bien connu Jean Dupré était rentré aussi à Lyon, d'un voyage qu'il avait entrepris dans le Midi. A l'instigation de l'évêque Nicolas Maugras, qui voulait réformer les livres liturgiques de son diocèse, il était venu avec une partie de son matériel à UZÈS : le 2 octobre 1493, il y acheva d'imprimer le Bréviaire de cette église[354] ; puis, sans attendre la commande d'autres labeurs, par exemple du Missel[355], il reprit le chemin de Lyon[356].

Il agit à peu près de même quatre ans plus tard, lorsque le prolégat du Pape, Clément de La Rovère, le fit venir en AVIGNON aux frais de la ville[357] (mars et mai 1497). Cette cité n'avait pourtant pas été tout à fait déshéritée du côté de l'art typographique après les tentatives infructueuses de Waldfoghel, car nous avons la preuve que, le 10 novembre 1485, un prêtre du nom d'Isoard Eymard *(Hemary, alias More)*, „impressor librorum“, s'était établi en Avignon[358]. Cependant on ne peut citer aucun livre paru dans cette ville avant l'arrivée de Dupré. D'ailleurs, malgré la protection évidente des pouvoirs publics[359], celui-ci ne semble pas y être resté longtemps : il publia, le 15 octobre 1497, aux frais de Nicolas Tépé, riche bourgeois avignonais, le *Luçiani Palinurus*[360], puis il retourna encore à Lyon. Mais ce ne fut pas sans laisser au moins une de ses fontes, qu'il confia pendant quelques années[361] à un de ses collègues, le Picard Pierre Rohault, qu'il avait emmené avec lui ou qu'il fit partir de Lyon aussitôt qu'il y fut rentré[362]. Rohault exécuta en Avignon toute une série d'ouvrages : l'*Arnaldi Badeti breviarium* (1499), le *Directoire* du P. Jean Colombi (28 novembre 1499) et des traités juridiques d'Odofredo de Bénévent, de Pietro de Ubaldi et de Jordano Briccio[363], fort appréciés dans une ville dotée d'une Faculté de droit très florissante. Ces quatre dernières éditions de Rohault sont dues à un noble commerçant avignonais, Dominique d'Anselme, qui en fit les frais, les signa ou les marqua des armoiries de sa famille[364].

Le même Dominique d'Anselme paraît avoir été aussi le commanditaire d'un autre imprimeur, Jean de La Rivière *(de Riparia)*, dont il se porta caution quand celui-ci se chargea (7 et 9 octobre 1500) de composer et de livrer au prix de 513 florins, 300 exemplaires du Bréviaire de l'église d'Arles[365]. Ces exemplaires semblent tous perdus[366] : nous ne savons donc pas si Jean de La Rivière imprimait avec les mêmes caractères que Rohault, et s'il travaillait avec lui dans le même atelier.

L'évêque d'Uzès et le prolégat d'Avignon, en appelant auprès d'eux un typographe lyonnais, n'avaient fait qu'imiter l'archevêque de NARBONNE, Georges d'Amboise, qui, en 1491, avait fait venir et installé dans le cloître de Saint-Just une équipe d'ouvriers[367]. Ceux-ci, avec un petit caractère gothique, dont les similaires se retrouvent plus spécialement chez Jean Siber, à Lyon, exécutèrent le Bréviaire de l'église de Narbonne, qui fut terminé le 31 octobre 1491.

Ce fut pour un même travail que Jean Rosenbach[368], d'Heidelberg, qui de Germanie était passé à Barcelone (1492) et à Tarragone (1498), arriva à PERPIGNAN. Il ne se contenta pas seulement d'y imprimer en l'an 1500 le *Breviarium Elnense*, car ce n'est qu'en 1503 qu'il reprit la route d'Espagne.

On pourrait peut-être encore jusqu'à un certain point rattacher à l'école lyonnaise les imprimeurs qui se rencontrèrent à GRENOBLE au XVᵉ siècle[369]. Le premier fut Étienne Foret; il vint s'installer devant l'église Sainte-Claire, pour y publier (29 avril 1490) les *Decisiones parlamenti dalphinalis*, compilées par Guy Pape. C'est d'ailleurs son seul ouvrage connu. Quelques années après lui, Jean Bellot, originaire de Rouen, qui, en 1493, avait importé l'art typographique à Lausanne, arriva en la même ville, appelé soit par l'évêque Laurent Alleman, soit par les chanoines de la cathédrale. Il y signa, le 20 mai 1497, le Missel à l'usage du diocèse et profita sans doute aussi de son séjour à Grenoble pour éditer les *Statuta synodalia nova* du même diocèse, qui avaient été promulgués le 13 mai 1495[370]. Mais il ne se fixa pas dans le Dauphiné, où la concurrence du libraire Antoine Baquelier[371] et des agents des imprimeurs lyonnais était trop redoutable; ce fut à Genève qu'il se retira[372].

Telle fut, dans ses grandes lignes, l'école typographique lyonnaise et tel fut le rayonnement de son influence[373]. N'avons-nous pas raison maintenant d'affirmer que l'action des imprimeurs de Cologne, Strasbourg et Bâle y fut des plus décisives?

§ IV. ATELIERS TYPOGRAPHIQUES
EN DEHORS DE L'INFLUENCE DES ÉCOLES PARISIENNE ET LYONNAISE.

Sous cette rubrique, je passerai en revue les ateliers, placés près des frontières de la France, qui ont été créés par des imprimeurs ou montés avec un matériel provenant des Flandres, de la Suisse ou de l'Italie.

Dans la première série rentrent les petites presses qui fonctionnèrent à peu près simultanément en Bretagne. Les caractères gothiques qui furent en usage à Bréhant-Loudéac, Rennes et Tréguier, appartiennent en effet à une famille de types flamands fondus sur le modèle de ceux d'Arendt de Keysere à Gand et de Rodolf Loeffs à Louvain. Comme l'a fait remarquer un bibliographe[374], le corps supérieur servit à Bréhant-Loudéac, le moyen à Tréguier, le bas de casse à Rennes. „C'était le même matériel composé de trois fontes graduées, qui avait été réparti entre les trois ateliers."

Les travaux que Robin Fouquet et Jean Crès exécutèrent à BRÉHANT-LOUDÉAC[375], sous la protection de Jean de Rohan, seigneur du Gué-de-l'Ile, se placent entre décembre 1484 et le 3 juillet 1485. Ils répondaient à l'idée qu'on avait eue de donner, sous une forme facilement accessible et en langue française, une petite encyclopédie religieuse, morale et politique[376]. Ce sont de courts livrets, à l'exception des derniers, le *Mirouer d'or de l'ame pecheresse*, la *Vie de Jesus-Crist*, et les *Coustumes de Bretagne*, qui sont des oeuvres plus importantes et paraissent avoir été éditées par les typographes à leurs risques et périls.

Après le 3 juillet 1485, ils n'imprimèrent plus à Bréhant[377], mais deux ans et demi après, Jean Crès se trouvait à l'abbaye Bénédictine de LANTENAC[378], où, avec d'autres caractères d'origine flamande[379], il composait le *Voyage en Terre Sainte* de Jean de Mandeville (26 mars 1488). Ses travaux étaient intermittents : le 5 octobre 1491, il signait encore un livret, le *Doctrinal des nouvelles mariées*, et à une autre date inconnue, il publiait les *Sept pseaulmes penitenciaux*[380].

A RENNES[381], l'atelier contemporain de celui de Bréhant, était dirigé par maître Pierre Bellesculée et par Josses. Pierre Bellesculée, nous le connaissons[382] : c'était le futur associé de Jean Bouyer à Poitiers. Les deux typographes réussirent, avec le concours d'un riche bourgeois, nommé Jean Huss, à publier, le 26 mars 1485, la première édition parue en Bretagne[383], des *Coutumes et constitutions du duché*. Puis, dans le courant de la même année, ils donnèrent encore un *Floret en franczois* et cela fait, ils disparurent.

Le typographe qui signait la. P. à TRÉGUIER[384], agit à peu près de même façon : il imprima aussi (4 juin 1485) une édition de la *Coutume et des constitutions de Bretagne*, puis un *Grécisme* d'Ébrard de Béthune, et ne laissa pas plus de traces de son passage. Tréguier vit cependant le fontionnement d'une nouvelle presse avant le XVIe siècle : Jean Calvez vint y publier, le 5 novembre 1499, le *Catholicon*, „lequel contient trois langaiges, scavoir breton, franczoys et latin", qui avait été composé par Auffret de Quoatqueveran, J. Lagadec et Yves Ropertz[385].

Si nous considérons la Flandre française elle-même, nous voyons, tout à fait à la fin du XVe siècle, l'établissement à VALENCIENNES d'une petite presse, avec laquelle Jean de Liège imprima six plaquettes ornées de bois, et devenues très rares : c'étaient des oeuvres de Jean Molinet, Georges Chastelain et Olivier de La Marche (1500)[386]. Mais tous ces ateliers bretons ou flamands n'eurent pas une réelle importance.

A l'autre bout de la France, CHAMBÉRY, une des résidences préférées des ducs de Savoie, vit imprimer, de 1484 à 1486, plusieurs livres français illustrés fort intéressants[387]. Antoine Neyret, qui les composa, venait très probablement de Genève, et avait peut-être travaillé auparavant chez Louis Cruse, dont il imita les types. Sa première oeuvre à Chambéry fut sans doute une traduction française de l'*Opus tripertitum* de Gerson, mais c'est seulement sur l'*Exposition des evangilles et des epistres* d'après Maurice de Sully, que l'on trouve la date la plus ancienne de ses productions (6 juillet 1484). Il donna ensuite le *Livre de Baudoyn* (29 novembre 1484), deux éditions du *Livre de bonne vie* de Jean Dupin (mai 1485 et 10 décembre suivant), enfin le *Livre du roy Modus*. Deux de ces ouvrages étaient ornés d'un bois avec armoiries et devise du duc de Savoie : ce fait, ainsi que le choix des volumes, ne laissent aucun doute sur la préocupation que Neyret avait d'attirer sur lui l'attention des seigneurs de la cour. On lui a encore attribué, dans un autre genre d'idées, une édition de l'*Historia scolastica* de Pierre Comestor, pour laquelle il aurait eu une nouvelle fonte d'après les modèles d'Henri Witzburg, à Rougemont[388]. A quelle cause faut-il attribuer la fermeture d'un établissement aussi actif, on n'a pas encore pu le dire[389].

La ville archiépiscopale d'EMBRUN, au sud de Chambéry, eut momentanément un atelier typographique italien, mais dirigé par un Français, Jacques ou Jacotin Le Rouge[390].

Celui-ci, après avoir travaillé à Venise aux côtés de son compatriote et ami Nicolas Jenson[391], était installé à Pignerol depuis 1479, quand l'archevêque Jean Bayle l'appela à Embrun. Il transporta donc son matériel dans cette petite ville : le 10 mars 1490, il y terminait la composition de la première partie du Bréviaire de ce diocèse, qui parut quelques semaines après. C'est d'ailleurs le dernier ouvrage connu de Jacques Le Rouge.

Sans aucun doute l'*impressor librorum*, qui vivait à TRETS en Provence de 1495 à 1506, était imprégné des mêmes traditions italiennes. C'était un certain Aymar Bollian, qui exerçait en même temps la profession plus lucrative d'hôtelier[392]. Malheureusement on ne possède rien qui soit signé de lui. Cet exemple, jusqu'ici inédit, sert pourtant à démontrer que, à l'aurore du XVIᵉ siècle, l'art de Gutenberg, connu et apprécié dans toute la France, était pratiqué en bien des endroits que nous ne soupçonnons pas encore.

C'est sur cette remarque que je veux terminer cette étude ; puisse-t-elle inspirer aux bibliographes le désir de chercher davantage dans les fonds d'archives les documents qui leur permettront d'élucider les différents problèmes qui sont encore à résoudre !

Avignon, 15 novembre 1899.

L.-H. LABANDE.

1. Au début de ce travail, je tiens à informer le lecteur que je dois la plupart des renseignements et documents nouveaux qui seront ici rapportés, à la bienveillante générosité de Mlle. M. Pellechet. J'aurais trop à dire si je voulais détailler ses bons offices à mon égard ; aussi est-il d'obligation stricte pour moi de lui témoigner publiquement ma profonde reconnaissance pour sa collaboration aussi savante que désintéressée. M. Julien Baudrier à Lyon et M. l'abbé Requin à Avignon ont également droit à des remercîments, que je suis heureux de leur adresser.

2. Sur le sens de ce mot, cf. V. Requeno, *Osservationi sulla chirotipografia* ; Monceaux, *Les Le Rouge de Chablis*, t. I, p. 4 ; A. Claudin, *Les orig. de l'impr. en France* (extr. du *Bullet. du bibliophile*, 1898), p. 13.

3. Notons que plusieurs Strasbourgeois se trouvèrent en Avignon à peu près à cette époque ; dans les notes brèves du notaire Jacques Girardi (étude de Me. de Beaulieu), j'ai ainsi relevé dans quelques actes le nom de Walter Riffe, argentier de Strasbourg. C'était peut-être un parent de l'ancien associé de Gutenberg.

4. Parent certainement du coutelier de Prague, Georges Waldfoghel, que M. Anton Schubert a signalé de 1393 à 1427, dans son article *Zur Geschichte der Familie Waldfoghel*, dans le *Centralblatt für Bibliothekswesen*, 1899, p. 500.

5. Les documents sur cette question ont été découverts dans les registres de notaires d'Avignon par M. l'abbé Requin, qui les a fait connaître dans plusieurs publications, *L'impr. à Avignon en 1444* (1890) ; *Doc. inédits sur les orig. de la typogr.* (1890, extr. du *Bullet. histor. et philolog.*) ; *Orig. de l'impr. en France* (1891, extr. du *Journ. génér. de l'impr. et de la libr.*). Ils ont encore fait l'objet d'une étude de M. L. Duhamel, *Les orig. de l'impr. à Avignon* (1890), et d'une communication de M. L. Delisle à l'Académie des inscriptions et belles-lettres (rapportée par Thierry-Poux, *Prem. mon. de l'impr. en France*, p. 1). Ajoutons que leur authenticité est indiscutable et qu'il n'est pas possible, pour qui a feuilleté les registres notariaux d'Avignon, d'émettre le plus léger doute. — M. A. Claudin est revenu sur cette question dans une brochure, *Les orig. de l'impr. en France ; premiers essais à Avignon en 1444* (1898, extr. du *Bullet. du bibliophile*).

6. Cette expression fut courante pendant toute la seconde moitié du XVᵉ siècle pour désigner l'imprimerie ; il est inutile de signaler les nombreux exemples qu'on en connaît, je renvoie seulement au colophon du 1ᵉʳ livre imprimé à Paris, au No. 15770 de Hain et à Madden, *Lettres d'un bibliogr.*, 5ᵉ série, p. 194, 204 et 214.

7. Ces lignes étaient écrites, quand j'ai eu connaissance de l'étude de M. le Dr. Hartwig, qui sert d'introduction à ce livre des fêtes de Mayence. Je suis heureux de me rencontrer avec lui dans les rapprochements à faire entre l'association de Gutenberg à Strasbourg et celle de Waldfoghel à Avignon. Mais, malgré la profonde estime que j'ai pour lui, il m'est impossible d'être complètement de son avis sur

la nature des travaux de Waldfoghel. Selon lui en effet, l'art pratiqué par ce dernier consistait à composer, avec des caractères mobiles, des mots et même des phrases qu'il reportait par pression sur la
reliure des livres. Il faut observer au contraire que ni Waldfoghel ni ses associés ne s'occupaient en
aucune façon de reliure, et que Waldfoghel s'engageait à apprendre à ses associés un art d'écrire artificiellement entièrement indépendant et qui se suffisait à lui-même. Si l'on admet le système du
Dr. Hartwig, de quelle utilité auraient été les formes employées par lui? D'ailleurs, à un autre endroit
de son étude, le savant auteur reconnaît lui-même que Waldfoghel avait en sa possession plus d'outils
que ce qui était nécessaire pour imprimer sur des reliures.

 8. A. Claudin, *op. cit.*
 9. Remarquons que ni M. l'abbé Requin, qui eut l'avantage d'ailleurs très mérité de découvrir les docu-
    ments avignonais, ni aucun autre auteur français sérieux, n'a songé à le dire et à contester la priorité
    de Gutenberg.
10. Je ne cite que les témoignages donnés en France, sans aller chercher ceux qui sont connus d'ailleurs,
    afin de démontrer qu'en France on ne pensa jamais à attribuer à un autre l'honneur de la découverte
    de l'imprimerie.
11. Cette lettre a été reproduite en héliogravure par M. L. Delisle en 1889 (Paris, Champion, in - 8⁰), pour
    la *Soc. de l'hist. de l'Ile-de-France.*
12. Robert Gaguin n'oubliait pas non plus, sur la fin de sa vie (lettre du 19 nov. 1497), d'attribuer à l'Alle-
    magne une si belle invention: cf. Madden, p. 10.
13. Tous ceux qui ont parlé des premiers temps de l'imprimerie en France ont cru à la réalité de cette
    mission; il serait trop long de citer même leurs noms, mais je dois rappeler l'étude que M. Karl
    Dziatzko lui a consacrée, *Die Ordonnanz Karls VII. von Frankr. vom 4. Okt. 1458,* dans le *Sammlung
    Bibliothekswissensch. Arbeiten,* Heft 2, p. 41.
14. On devrait tout au moins en trouver mention dans les pièces de comptabilité, mais on n'a rien; la
    personnalité même de Jenson à cette date échappe à la critique historique. Était-il à Tours ou à Paris?
15. La raison qu'on en donne: méfiance de Louis XI vis-à-vis des serviteurs de son père, n'explique
    absolument rien. Ce n'est pas sérieux. A son retour de Mayence, rien n'empêchait Jenson de fonder
    une imprimerie à lui, même sans aucune subvention royale.
16. Aug. Bernard, *De l'orig. et des débuts de l'impr. en Europe,* t. I, p. 254; t. II, p. 254, 289, 291, 293, 295;
    Ph. Renouard, *Imprimeurs parisiens,* p. 141. — On peut encore citer l'incunable 111 de la Biblio-
    thèque d'Aix-en-Provence (Hain, No. 15698), qui fut donné par Schöffer lui-même aux moines de Sainte-
    Croix de Paris, en 1477.
17. A. Bernard, t. II, p. 331; Renouard, p. 179.
18. Principalement Paris, grâce à son Université et à sa situation de capitale du royaume.
19. Cf. la lettre des prototypographes à Louis XI citée ci-après. On sait aussi que le roi leur accorda
    des lettres de naturalité au mois de février 1475.
20. Il accorda à ces éditeurs étrangers l'exemption du droit d'aubaine: A. Bernard, t. II, p. 331; Renouard,
    p. 179 et 202. — Cette bienveillance de Louis XI, qui se manifesta si souvent pour les imprimeurs,
    montre le peu de cas que l'on doit faire de la légende qui le montre repoussant Nicolas Jenson à son
    retour de Mayence.
21. J'ai déjà signalé les voyages de Fust et de Schöffer à Paris. Le nom d'Hermann de Stadtborn, repré-
    sentant de Fust et Schöffer, et plus tard ceux de Jean Van den Bruck et de Jean Blumenstock, dit Heidel-
    berg, agent des Koberger, sont aussi bien connus.
22. Cf. L. Delisle, Avertissement à l'*Épître adressée à Robert Gaguin, le 1ᵉʳ janvier 1472, par Guillaume
    Fichet,* p. 4 et 5. — Voir aussi, mais avec réserve, Dr. Desbarreaux-Bernard, *De quelques livres im-
    primés au XVᵉ siècle sur des papiers de différents formats,* p. 20.
23. Sur l'atelier de la Sorbonne, cf. surtout J.-P.-A. Madden, *Lettres d'un bibliographe,* 5ᵉ série, p. 146 et
    suiv.; Jules Philippe, *Origine de l'imprimerie à Paris;* A. Claudin, *The first Paris Press* (Société biblio-
    graphique de Londres); *Les origines de l'imprimerie à Paris* (extrait du *Bulletin du bibliophile,* 1898-1899).
24. On a même été jusqu'à supposer qu'il avait été correcteur dans un atelier mayençais. Il est certain
    cependant qu'il posséda de très bonne heure des volumes sortant des presses de Gutenberg, Fust et
    Schöffer (J. Philippe, *op. cit.,* p. 26).
25. Il y connut certainement Berthold Ruppel et Michael Wenssler.

26. Né au Petit-Bornand près Annecy, le 16 septembre 1433, ancien étudiant d'Avignon, associé de Sorbonne depuis le 16 décembre 1461, prieur de Sorbonne en 1465, recteur de l'Université en 1467: cf. Jules Philippe, *Guillaume Fichet, sa vie, ses oeuvres.*

27. Cf. H. Stein, *Note inédite sur Guillaume Fichet (Le Bibliographe moderne,* 1897, p. 32).

28. Il était peut-être de la même famille que le „Peter Grantz", témoin du jugement de 1455 entre Gutenberg et Fust (Karl Dziatzko, *Sammlung Bibliotheksw. Arbeiten,* Heft 2, p. 17), ou que le Gabriel Crantz, étudiant à Bâle en 1461. Cf. A. Claudin, *op. cit.,* p. 10, note.

29. Cf. le P. Gottfried Reichhart, *Beiträge zur Incunabelnkunde,* p. 183.

30. *Op. cit.,* 5ᵉ série, p. 221.

31. Les récents historiens de l'imprimerie de la Sorbonne ont établi que cette oeuvre n'avait pu paraître que dans les derniers mois de 1470. M. Claudin (p. 14) a parlé des mois de juillet ou d'août au plus tôt; M. Philippe (p. 52) a indiqué la fin de l'année. A considérer la rapidité avec laquelle se succédèrent les éditions de nos typographes, il est en effet probable que ce fut vers la fin de 1470.

32. C'est un volume de 361 feuillets in - 4° à 23 longues lignes par page. Les lettres de Gasparino en avaient formé un de 122 feuillets à 22 longues lignes.

33. Des exemplaires de quelques-uns d'entre eux sont accompagnés de lettres d'envoi ou de dédicaces imprimées ou manuscrites, qui aident à en préciser la date et éclairent l'histoire de leur composition: cf. Claudin, *op. cit.*

34. Il en donna un aussi à l'évêque de Paris, Guillaume Chartier, auquel il était redevable de son prieuré d'Aunay.

35. Le roi Louis XI, Jean, duc de Bourbon, Robert d'Estouteville, prévôt de Paris. La lettre de dédicace à Louis XI est du 22 avril 1472: M. Claudin (p. 41) en a donné le texte latin et (p. 39) une traduction française si peu exacte qu'elle en dénature le sens.

36. On en fit deux tirages (Pellechet, *Catal. général des incunables des bibliothèques publiques de France,* No. 590 et 591); le deuxième est suivi du *De virtutibus,* traité attribué à Sénèque.

37. Bessarion mourut en route à Ravenne, le 18 novembre 1472. Fichet poursuivit jusqu'à Rome; le pape Sixte IV l'attacha à sa personne en qualité de camérier et de pénitencier.

38. Peut-être Fichet n'avait-il fait entrer Ehrard Windsberg dans l'atelier de la Sorbonne que pour suppléer à son absence.

39. Cf. Thierry-Poux, No. 9; Ph. Renouard, *Imprimeurs parisiens,* p. 148.

40. M. R. Proctor, *An index to the early printed books in the British Museum,* p. 563, se fonde sur la présence d'un M qui ne se rencontra plus chez eux, pour leur attribuer comme premier ouvrage les *Exempla sacrae Scripturae* (Hain, No. 6762).

41. Cf. à ce sujet, Madden, *op. cit.,* 5ᵉ série, p. 204, 225 et 226.

42. La liste en a été donnée par Madden, p. 204; mais elle est susceptible de nombreuses additions. D'ailleurs les ouvrages sont faciles à reconnaître: ils furent imprimés presque tous avec les caractères gothiques qui servirent à Friburger, Gering et Crantz de 1473 à 1478 (Thierry-Poux, pl. V, 4; VI, 1).

43. R. Proctor, No. 7855. — Je supprimerai le plus souvent, pour plus de rapidité, les renvois au *Repertorium* de Hain.

44. Qu'il ne faut pas confondre, comme l'a fait Ph. Renouard, *op. cit.,* p. 264, avec Guillaume Maynyal, autre imprimeur parisien.

45. R. Proctor, No. 7863 à 7867. — Parmi les cinq éditions signalées par cet auteur se trouve le Bréviaire d'Autun, imprimé pour le compte de Simon „de Vetericastro", sans doute par ordre du cardinal Rolin, l'ami de Fichet.

46. On n'en a signalé jusqu'ici que du 9 juin 1482 (Hain, No. 11794), du 5 novembre 1483 (*Idem,* No. 10378), du 22 février (Pellechet, No. 491) et du 5 mars 1484 (Hain, No. 10484).

47. L'impression du 22 février 1484 a encore été faite en la rue Saint-Jacques.

48. Jusqu'au 26 mai 1490 au moins (Proctor, No. 8130); en 1492, Higman avait d'autres caractères (Hain, No. 6839; Proctor, No. 8131).

49. Proctor, p. 581. — Cf. H. Stein, *L'atelier de Wolfgang Hopyl à Paris.*

50. Proctor, p. 583 et No. 8145.   51. Hain, No. 581.

52. Proctor, No. 8146.

53. Ph. Renouard, p. 305, ne le cite qu'en 1499; il est alors associé avec J. Higman et W. Hopyl.

54. Voici le colophon de ce volume, dont un exemplaire est au Musée Dobrée, à Nantes: „Imprimé a
    Paris, l'an mil quatre cens quatre vingz et XIIII. le second jour de may, pour et ou nom de maistre
    Guillaume Prevost, demourant a Paris, en la rue de Sarbonne, a l'enseigne du Soleil d'or." J'ajouterai
    que les caractères appartiennent bien à l'atelier de Gering.
55. *Expositio C. Augustini de sermone Domini in monte* (Pellechet, No. 1506.) — Du 9 décembre suivant
    est leur beau Psautier de Paris signalé par Brunet, t. IV, col. 941.
56. Remarquer que le prototypographe d'Audenarde et de Gand, en 1480 et 1483, s'appellait Arendt de Keysere.
57. Ce Jean Stol, ancien étudiant de l'Université de Bâle et peut-être de l'Université d'Erfurt (Renouard,
    p. 346), n'aurait-il pas quelque rapport avec le chanoine Jean Stol, licencié en droit canon, qui fit à Spire
    la révision du Dominique de San Geminiano, imprimé par Pierre Drach (Hain, No. 7530)?
58. M. Claudin *(Origines et débuts de l'imprimerie à Poitiers*, p. 67, note), prétend qu'ils succédèrent à
    Gaspard (Allemand) et Russangis (Parisien), dont on lit les noms à la fin de la Rhétorique latine de
    Guillaume Tardif (Hain, No. 15241):

    „Vivant autores operis feliciter isti
    Gaspar, Russangis. Tardive, vive magis."

    (Ces deux vers se retrouvent à la fin du *Polyhistor* de Solinus, Hain, No. 14876, mais le mot *Gaspar*
    est remplacé par *isti*). Tout d'abord, cette Rhétorique n'est pas imprimée avec les caractères de Keysere
    et Stol, mais avec ceux du Soufflet vert. Gaspard et Russangis (ou Gaspard Russangis, d'après Proctor
    qui ne voit là qu'une seule personne) ne pourraient donc avoir été qu'au Soufflet vert. Il reste ensuite
    à démontrer qu'ils furent imprimeurs: c'est ce qu'on n'a pas encore fait.
59. Beaucoup de leurs ouvrages sont sans date; quelques-uns sont imprimés avec des caractères plus
    neufs que le *Manipulus*. Ils pourraient donc être de 1473.   60. Proctor, No. 7894.
61. Cf. Pellechet, *Catal. des incun. des Biblioth. de Lyon*, No. 405, avec attribution à Keysere. Keysere
    avait déjà contrefait Veldener.
62. C'est M. Desvernay, bibliothécaire de Lyon, qui a reconnu dans cette contrefaçon les mêmes carac-
    tères exactement qui ont servi pour la *Pragmatica sanctio* de 1498 (No. 497 de Lyon).
63. Pour les différences, cf. Proctor, p. 566.
64. Cette enseigne est marquée, peut-être pour la première fois, le 25 mai 1476 (Castan, *Catal. des incun.
    de la Bibl. de Besançon*, No. 520).
65. Leurs noms sont mentionnés à la fin du *Vocabularius terminorum utriusque juris*, du 31 octobre 1476.
66. Cf. Pellechet, No. 1750, 1751.   67. Proctor, p. 567.
68. Monceaux, *Les Le Rouge de Chablis*, t. I, p. 125.
69. Ce nom serait, il me semble, plutôt flamand.
70. Le Missel de Verdun du 28 novembre 1481 et le Missel romain du 4 décembre suivant ne portaient plus
    que le nom de Dupré. — A propos du Missel de Verdun, M. Monceaux *(op. cit.*, t. II, p. 270) s'est fondé sur
    ce fait que le Missel de Toul, imprimé par Pierre Le Rouge en 1492, reproduit ses trois grandes planches,
    pour prétendre que Pierre Le Rouge a remplacé Désiré Huym comme graveur dans l'atelier de Dupré.
71. Les églises de Paris, Verdun, Limoges, Amiens, Châlons-sur-Marne, Angers, Nevers, Troyes, Langres,
    Rouen, Meaux, Besançon, Die, etc. lui durent des missels, bréviaires ou livres d'heures.
72. Ce qui a fait dire à M. A. Claudin *(Les imprimeries particulières en France au XVe siècle*, extrait du
    vol. VIII de la *Typologie-Tucker*, p. 12) que Dupré avait fait son apprentissage à Venise chez Nicolas
    Jenson et Jacques Le Rouge. Cela n'est rien moins que prouvé.
73. Elle a été reproduite par M. Castan, dans son *Catal. des incun. de la Biblioth. de Besançon*, p. 98.
74. Cf. Proctor, p. 603. — Dupré eut aussi pour collaborateurs Guillaume Le Caron et Jean Belin en 1489,
    1490 et 1492.
75. M. Proctor s'est trompé (p. 569) pour les dates où il se trouvait à ces adresses. — Caillaut édita aussi
    des Heures illustrées avec bordures gravées sur cuivre.
76. Son premier ouvrage daté connu est du 23 octobre 1483.
77. Il travaillait pour les libraires Antoine Vérard, Jean Petit, Denis Roce, Geoffroy Marnef, etc.
78. Ses presses fonctionnèrent dès 1485. Il eut comme collaborateurs Jean Alissot, Raoul Cousturier et
    Jean Hardouyn.
79. Cf. H. Monceaux, *op. cit.*, t. I, p. 121 et suiv. — Son premier ouvrage daté est du 27 février 1488 (n. st.).
    Il est vrai, que selon M. Monceaux, il aurait travaillé à Paris dès 1479 et qu'il faudrait lui attribuer beau-

coup d'ouvrages où se retrouvent des bois utilisés par lui; mais ces attributions sont très hasardées, car les bois, souvent copiés ou prêtés, pouvaient se trouver dans plusieurs ateliers.

80. Il est signalé dès le 5 septembre 1489: Hain, No. 4912.

81. Sa première édition datée est du 29 août 1491: Proctor, No. 8151.

82. Il imprimait dès 1491: Hain, No. 6037. — La Bibliothèque de Poitiers conserve de lui une superbe *Danse macabre*, non datée, imitée de très près, quant aux gravures et à la disposition du texte, de celle de Guy Marchand, 1485 (No. 234 de la Biblioth. de Grenoble).

83. Travaillant aussi dès 1491 au moins: Proctor, No. 8179; Maignien, *Catal. des incun. de la Biblioth. de Grenoble*, No. 335. M. Proctor (p. 586) lui dénie une impression de 1489, signalée par Hain, No. 8198.

84. Il collabora plusieurs fois avec Michel Le Noir, probablement son beau-frère. Il est connu dès le 15 mai 1492.

85. Pierre Le Dru et Etienne Jehannot imprimèrent ensemble quelques livres, tel le volume d'Heures conservé à la Bibliothèque de Nevers et décrit par M. d'Asis-Gaillissans dans son *Invent. descriptif des incun.* de cette Bibliothèque, p. 17.

86. Cf. Proctor, No. 8132, 8133.

87. On sait que la veuve de Jean Higman se remaria avec Henri Iᵉʳ Estienne et que celui-ci, dès 1502, était aussi associé avec W. Hopyl.

88. Dont au moins une édition pour le libraire de Londres, Nicolas Lecomte (23 novembre 1494).

89. Le 26 février 1494 (Hain, No. 9529), il était encore seul.

90. Leurs deux marques furent encore apposées sur un livre publié par Philippi en 1496 (Pellechet, No. 1781), et pourtant le 27 mars 1495/1496, Philippi avait signé de son seul nom la vie et le procès de Thomas Becket (No. 124 du *Catal. des incun. de Grenoble*, par Maignien).

91. Proctor, No. 8241 et 8242.

92. Il signa une édition non datée des *Eloquentiae praecepta* d'Agostino Dati qui se trouve à la Bibliothèque d'Avignon. Proctor lui attribue les No. 8472 à 8477 de son *Index*. — Observons qu'à Leipzig, un Grégoire Bötticher imprimait de 1493 à 1495.

93. On constate une lacune de deux années (1495—1496) dans ses productions, sans qu'on sache quelle en fut la raison.

94. M. Claudin (*Origines et débuts de l'impr. à Poitiers*, p. 78) a montré que les „épaves" de cette première presse se retrouvèrent à Poitiers vers 1489—1490.

95. Un exemplaire en est conservé à la Bibl. nat., gYc 448. Comparer avec Thierry-Poux, pl. VII, 2 et 3.

96. Les caractères ressemblent à ceux qui furent en usage chez Pierre Levet, à Paris.

97. Il fit lui-même les frais de plusieurs impressions d'André Bocard, Wolf et Kerver, de Paris; de Martin Morin, de Rouen; etc. En même temps Jean Dupré à Paris (1489) imprimait un Missel d'Angers; les Heures du même diocèse s'éditaient à Poitiers, etc.

98. Cf. pour les Le Rouge à Chablis et Troyes le livre d'H. Monceaux déjà cité.

99. Peut-être faut-il lui attribuer aussi une plaquette des *Chartes d'Auxerre*, décorée de bois plus ou moins grossiers.

100. Il édita aussi dans cette ville deux plaquettes in-4° non datées: *L'histoire et chronique de ... Clamades et la Destruction de Jérusalem*. Le libraire Rosenthal, de Munich, a signalé encore dans son Catalogue No. 100 un *Doctrinal des filles*, s. l. n. d., qu'il attribue aux presses de Guillaume Le Rouge (No. 521).

101. C'est le premier qui se fixa à Troyes; son premier livre daté et signé est de 1510; son atelier était à l'enseigne de Venise, ce qui indique peut-être qu'il arrivait de cette ville.

102. Je ne garantis aucunement l'attribution à Nicolas Le Rouge de ces deux éditions. D'ailleurs, les libraires troyens, de 1493 à 1507, s'adressèrent très fréquemment aux typographes parisiens.

103. Cf. Thierry-Poux, No. 161 et pl. XXXIX, 1 à 3; H. Monceaux, t. II, p. 179 à 182.

104. H. Stein, *Recherches sur les débuts de l'impr. à Provins* (Biblioth. de l'École des chartes, 1889), p. 222—228; H. Monceaux, t. II, p. 182 à 186.

105. Sur les questions très controversées de l'imprimerie à Poitiers, cf. les ouvrages et articles de MM. A. de La Bouralière (*Les Débuts de l'impr. à Poitiers*, 1893; *Nouveaux doc. sur les débuts de l'impr. à Poitiers*, 1894; *Chapitre rétrospectif sur les débuts de l'imp. à Poitiers*, 1898), A. Claudin (*Les Débuts de l'impr. à Poitiers*, 1894, extr. de la *Revue de Saintonge et d'Aunis*; *Origines et débuts de l'impr. à Poitiers et Monum. de l'impr. à Poitiers*, 1897; *Les origines et débuts de l'impr. à Poitiers*, dans le

Bullet. du bibliophile, 1898, p. 171; *Les origines de l'impr. à Auch*, 1894, extr. de la *Revue de Gascogne*, p. 12), Edgar Bourloton (*A propos de l'orig. de l'impr. à Poitiers*, 1897, extr. de la *Revue du Bas-Poitou*).

106. Voir la très judicieuse remarque de M. de La Bouralière (*Chapitre rétrosp.*, p. XVI), à propos de la présence d'un romain, qui permet de classer très sûrement un certain nombre de premières éditions. Mlle. Pellechet a reconnu aussi une imitation des caractères de Sensenschmidt *(Alphabets des impr. du XVᵉ siècle*, dans la *Revue des Biblioth.*, 1895, p. 1). De plus, il y a un rapprochement à faire, quoi qu'en aie dit M. Claudin, avec les types de Jenson à Venise et de Jacques Le Rouge à Pignerol.

107. On a pris, je crois, trop à la lettre l'épithète d'*illustrissimus* donnée par l'imprimeur à son commanditaire. Elle était de style courant à cette époque pour un obligé parlant de son bienfaiteur et s'appliquerait aussi bien aux chanoines Jean de Brossa, Pierre de Sacierge et Jean de Conzay.

108. Il faut reconnaître en effet, que si plusieurs imprimeurs se sont succédé dans l'atelier poitevin, ils se servirent les uns et les autres des mêmes types; ensuite il n'est pas prouvé que Sauveteau et son compagnon imprimèrent le Bréviaire d'Auch avec ces caractères, puisqu'on n'en connaît pas d'exemplaire.

109. S'il faut admettre avec M. de La Bouralière que la marque dite au grand M employée par Bouyer, avec certaines modifications, dans la *Logica vetus* de 1491, s'il faut admettre, dis-je, que cette marque a été empruntée aux frères de Marnef (et il y a bien des raisons de le croire), on aurait là une nouvelle preuve des rapports entre les éditeurs parisiens et les imprimeurs poitevins.

110. Cf. L. Delisle, *Essai sur l'impr. et la libr. à Caen de 1480 à 1550*, 1891 (extr. du t. XV du *Bulletin de la Soc. des Antiq. de Normandie*).

111. On a prétendu pendant longtemps, en se basant sur des documents qui ont été reconnus faux, que l'introduction de l'imprimerie à Rouen était due à la famille des Lallemand. Cf. sur les ateliers rouennais, E. Frère, *De l'impr. et de la libr. à Rouen*, 1843; *Des livres de liturgie des églises d'Angleterre impr. à Rouen*, 1867; E. Gosselin, *Glanes histor. normandes*, 1869 (extr. de la *Revue de Normandie*), p. 53-175; Ch. de Beaurepaire, *Recherches sur l'introd. de l'impr. à Rouen*, dans les *Mém. de l'Acad. de Rouen*, 1879.

112. Dès 1468, on trouva à Rouen des imprimés (Ch. de Beaurepaire, p. 471); en 1483, les libraires de la ville remettaient aux chanoines une supplique contre ceux qui en vendaient (E. Frère, *De l'impr.*, p. 5); ces derniers furent relégués en 1488 près du portail nord de la cathédrale. Ces imprimés devaient venir surtout de Paris: en 1483, Jean Dupré donnait la première édition du *Grand Coutumier de Normandie* (cf. Thierry-Poux, No. 134).

113. Une autre édition des *Chroniques*, avec un texte plus moderne, parut à Rouen, le 14 mai 1487; elle était signée à la fin N D H, qu'on a traduit par Noël de Harsy. Il faut observer que les caractères sont les mêmes que dans l'édition de Guillaume Le Talleur et que Noël de Harsy, dont on trouve encore le nom sur plusieurs volumes (Hain, No. 7064 et 12053), semble avoir été plutôt libraire.

114. Proctor, No. 8766. Trois ans et demi plus tard, il était mort (Gosselin, p. 59).

115. Ch. de Beaurepaire, p. 497 et 498.

116. Cf. Thierry-Poux, No. 129. M. Ch. de Beaurepaire (p. 497, note) prétend que Gaillard et Jean Le Bourgeois n'étaient qu'une même personne, mais son raisonnement ne tient pas devant la souscription que je viens de rapporter: Gaillard était évidemment un libraire et Jean un typographe (cf. Gosselin, p. 59).

117. Il travailla aussi pour les libraires Robert Macé et Pierre Regnault, de Rouen et de Caen (Hain, No. 3831, 6758 et 11284; Pellechet, No. 1445; Proctor, No. 8772). A signaler parmi ses labeurs le Bréviaire de Rouen du 28 septembre 1492, le Bréviaire et le Missel de Coutances de 1499.

118. Taillepied, *Antiquitez et singularitez de la ville de Rouen*; E. Frère, *De l'impr.*, p. 1 à 3. — La publication de M. de Beaurepaire a eu pour but de démontrer la fausseté de cette légende.

119. Son édition des *Coutumes de Bretagne*, du 10 janvier 1493, a fait croire à quelques bibliographes qu'il avait exercé avant 1490: il avait copié en effet l'édition donnée précédemment à Rennes par Pierre Bellesculée et Josses et il en avait servilement reproduit la souscription avec la date de 1485.

120. Il imprima au XVᵉ siècle des livres liturgiques pour les églises du Mans, de Rouen, de Séez, d'Évreux, de Salisbury, etc. Cf. le catalogue de ses ouvrages dans E. Frère, *De l'impr.*, p. 47; pour les éditions du *Missale Sarum*, cf. E. Frère, *Des livres de liturgie*, p. 21.

121. Fils du graveur Jean Le Forestier (Gosselin, p. 62 et 63). Guillaume Le Forestier, dont le nom se lit à la fin d'un *Coutumier de Normandie* (Hain, No. 5790), et le libraire Jean Le Forestier, pour lequel Morin imprima le Manuel de l'église de Rouen (Hain, No. 10722), étaient probablement de la même famille.

122. Le 21 octobre 1495, en la grand'rue de Saint-Martin-du-Pont près le Fardel (Hain, No. 7233); puis, paroisse Saint-Nicolas, près le portail des Libraires de la cathédrale, où-il imprima l'*Hortulus rosarum* (Biblioth. d'Avignon, No. 765); enfin, le 17 septembre 1500, proche le couvent des Augustins, à la Tuile d'or (Pellechet, No. 2178).

123. Proctor, No. 8782.   124. Pellechet, No. 200.   125. *Idem*, No. 485.

126. Hain, No. 6038.   127. *Idem*, No. 10487.

128. Frère, *De l'impr.*, p. 30; Gosselin, p. 66.

129. Frère, *De l'impr.*, p. 34 et 35; Gosselin, p. 64 et 65; Pellechet, No. 201, 239, 359.

130. Commune du canton de Beaumont-le-Roger (Eure).

131. Cf. L. Delisle, *Bullet. de la Soc. des Antiq. de France*, 1863, p. 56; *Almanach de l'Eure*, 1864, p. 67; A. Alès, *Les Moines imprimeurs* (*Bullet. du bibliophile*, 1872, p. 406, note); Deschamps, *Diction. de géogr.*, p. 579; A. Claudin, *Les impr. particul. en France*, p. 22.

132. La première partie du Bréviaire (fol. 1-92) a été achevée le 14 avril 1483; s'il a suffi de 3 mois pour composer les fol. 93 à 362, il est probable que Dupré a employé les 8 mois et demi qui suivirent la publication du Missel à autre chose qu'à la composition de cette première partie. Sur cette presse, cf. A. Claudin, *Les impr. partic.*, p. 11.

133. Cf. Proctor, p. 575.

134. Les quatre volumes sont tous signés par Pierre Gérard; c'est seulement sur ceux de la *Cité de Dieu*, que Jean Dupré mit son nom à côté de celui du libraire: cf. Thierry-Poux, No. 124 à 126. — Copinger, *Supplément*, t. II, No. 2705, cite encore une plaquette de Gerson, *De probatione spirituum*, sans aucune indication bibliographique, qui aurait été imprimée à Abbeville avec le même matériel.

135. Sur l'imprimerie à Orléans au XVᵉ siècle, cf. H. Herluison, *Recherches sur les impr. et libr. d'Orléans*, p. 3 à 5; L. Jarry, *Les débuts de l'impr. à Orléans* (extr. des *Mémoires de la Soc. arch. et hist. de l'Orléanais*, 1884).

136. D'après M. Claudin (*Orig. et débuts de l'impr. à Poitiers*, p. 154, note), cet imprimeur tirerait son nom de la petite localité appelée Le Liège, dans la Touraine (canton de Montrésor). Cela n'est pas certain: on a déjà fait remarquer que le pays Liégeois en Belgique était dénommé le Liège au XVᵉ siècle „Monsieur le cardinal du Liège" est cité dans le *Recoeïl du triumphe . . . pour la paix de Cambray*.

137. Sur l'imprimerie à Tours, cf. Clément de Ris, *La typogr. en Touraine*, dans le *Bulletin du biblioph.*, 1877, p. 529 à 542; Dr. E. Giraudet, *Les origines de l'impr. à Tours*, 1881; J.-P.-A. Madden, *Les origines de l'impr. à Tours*, dans la *Typologie Tucker*, 15 janvier 1882, p. 383; E. Picot, Compte rendu de l'ouvrage du Dr. Giraudet dans la *Revue critique*, 31 juillet 1882, p. 88; H. Baudrier, *De l'orthographe du nom de Guillaume Rouville*, 1883.

138. Le Missel fut imprimé par Martin Morin; des Heures à l'usage de Tours furent aussi éditées par Philippe Pigouchet, en 1491.

139. Cf. principalement A. de La Borderie, *L'impr. en Bretagne au XVᵉ siècle*, p. 99; Marquis de Granges de Surgères, *Notes sur les anc. impr. nantais*, dans le *Bullet. du biblioph.*, 1897, p. 240, 414, 472, 525, 562.

140. M. de la Borderie (*Un incun. nantais*, dans le *Bullet. du biblioph.*, 1883, p. 484) lui a encore attribué une édition des Statuts du synode de Nantes de 1499.   141. Pellechet, No. 1428.

142. Cf. L. Delisle, *La bibliothèque d'Anne de Polignac et les orig. de l'impr. à Angoulême*, dans les *Mélanges de paléogr. et de bibliogr.*, 1880, p. 305 à 349. Les nouveaux incunables signalés par lui sont les *Quaestiones super minorem Donatum* (16 avril 1492), les *Quaestiones modorum significandi* de Jean-Josse de Marville, une 2ᵉ édition des *Auctores octo*, le *Verger d'honneur*, une *Somme des vices et des vertus*, le *De passione Christi* de Dominique Mancini.

143. Thierry-Poux, No. 147; Pellechet, No. 247, 502, 503, 806, 997; Proctor, No. 8793. Voir encore le No. 97 du Catal. No. 18 de Rosenthal (1899), vol. provenant de la Colombine. Peut-être doit-on aussi leur attribuer une édition de *Grisélidis* à la Bibl. Nat., pY2, No. 221.

144. Cf. principalement A. Claudin, *Les Orig. de l'imp. à Limoges*, 1896 (extr. du *Bibliph. limousin*).

145. Jean Dupré avait déjà imprimé à Paris, en 1483, un Missel de Limoges qui servit de modèle à celui-ci.

146. Sur l'imprimerie à Lyon au XVᵉ siècle, cf. surtout A. Péricaud, *Bibliogr. lyonn. du XVᵉ siècle*, 1851-1859; A. Vingtrinier, *Les incun. de la ville de Lyon et les premiers débuts de l'impr.*, 1890; *Hist. de l'impr. à Lyon*, 1894. L'ouvrage essentiel à consulter est celui de N. Rondot, *Les Graveurs sur bois et les impr. à Lyon au XVᵉ siècle*, 1896.

147. Cf. H. Baudrier, *Une visite à la Bibl. de l'Université de Bâle*, p. 8; Rondot, p. 30, note 3.

148. Rondot, p. 61. — C'est encore à Lyon que les Koberger de Nuremberg établirent le centre de leurs affaires en France: cf. O. Hase, *Die Koberger*, p. 284.

149. On a prétendu, mais sans en donner de preuves, que des typographes ambulants avaient imprimé à Lyon avant cette date; peut-être pourrait-on attribuer à une époque un peu antérieure les quelques rares éditions dont les caractères paraissent être plus neufs que le premier ouvrage daté. (Cf. Rondot, p. 59 à 61.)

150. Cf. la table des imprimeurs de Lyon dressée par M. Rondot, p. 239. Voir aussi p. 54.

151. Cf. la curieuse délibération municipale du 1er janvier 1493, citée par A. Péricaud, 2e partie, p. 42.

152. Les graveurs et fondeurs de caractères (ces derniers se consacrèrent uniquement à cette industrie à Lyon un peu plus tôt qu'ailleurs) contribuèrent aussi beaucoup à particulariser les produits des presses lyonnaises.

153. C'est à Lyon que parut le premier livre français daté: c'est une traduction de la Légende dorée, imprimée le 8 avril 1496 par Guillaume Le Roy (A. Péricaud, 1re partie, p. 7; Pellechet, *Catal. des incun. des Bibl. de Lyon*, No. 612); mais on croit que l'*Exposition de la Bible* par J. Macho, sortie de la même presse, lui est antérieure, peut-être de trois ans (cf. Rondot, p. 64).

154. M. Rondot a imaginé toute une hypothèse de privilège d'exemption accordé par Louis XI aux premiers imprimeurs lyonnais, pour expliquer l'absence de leurs noms sur les registres d'impositions (p. 74 et suiv.). Il aurait dû plutôt songer à leur pauvreté (cf. p. 97 à 100 de son ouvrage) et émettre la même hypothèse que pour les graveurs, dont les noms ne se trouvent pas non plus sur les fameux registres (p. 112).

155. Cf. Rondot, p. 88 et suiv., p. 134 à 137, etc. Bien qu'il ait signé de son nom et en prenant la qualité d'imprimeur plusieurs ouvrages (cf. *idem*, p. 136), il n'exerça jamais lui-même.

156. Cf. Rondot, p. 28 et suiv., 62 et suiv., 97, 138 et suiv.

157. Pellechet, *Alphabets des impr. du XVe siècle* (loc. cit.), p. 5; *Quelques alphabets d'impr. au XVe siècle* dans la *Revue des Biblioth.*, 1896, p. 134.

158. Thierry-Poux, pl. XVIII, 1 et 2.

159. Cf. Proctor, p. 613. Cet usage de caractères vénitiens a fait faussement croire à un auteur récent (P. Bergmans, *Les impr. belges à l'étranger*, 1897, p. 38) que Le Roy avait fait le voyage de Venise et imprimé dans cette ville en 1477.

160. Le premier ouvrage daté est le *Lotharii compendium breve* (Thierry-Poux, No. 60), qui fut imprimé par l'ordre et aux frais de Barthélemy Buyer, le 17 septembre 1473. Une de ses premières éditions fut aussi très probablement un traité versifié contre „l'épidémie", qui sévissait constamment dans la région du Sud-Est. Ce livre, aujourd'hui à la Biblioth. de Marseille, est imprimé avec les caractères du *Nouveau Testament* (Thierry-Poux, pl. XIX, 2).

161. Il ne mourut qu'en 1493: cf. Rondot, p. 140.

162. Date de l'*Itinéraire* de Mandeville, imprimé encore pour Buyer: Proctor, No. 8504.

163. Ce serait donc lui qui aurait dirigé l'exécution des *Lecturae* de Bartolo de Saxoferrato sur le Digeste et l'Infortiat, imprimées chez Buyer en 1482: Pellechet, *Catal. génér.*, No. 1923, 1933 et 1944.

164. Rondot, p. 147 à 150. — Peut-être est-ce lui qui édita les livres lyonnais, qui n'ont pour toute signature que les initiales I B.

165. Parmi ses éditions françaises, il y a lieu de signaler *Le Miroir de la vie humaine*, traduit de Rodriguez de Arevalo par J. Macho (8 juillet 1477); l'*Histoire de Baudoin, comte de Flandres* (12 novembre 1478); l'*Histoire du chevalier Oben* (s. d.); l'*Histoire de Pierre de Provence et de la belle Maguelonne*, s. d.; *Fierabras*; la *Destruction de Troyes* (1485); la *Mélusine* de Jean d'Arras; le *Roman de la rose*; le *Doctrinal des filles*, (au Musée Condé), etc.

166. Parmi ses imitations françaises il y a lieu de signaler les bois d'une édition du Roman de la rose, qui furent employés à peu près à la même époque par Jean Dupré, de Paris, et bien plus tard par Nicolas Desprez, aussi de Paris. Ces 3 éditions sans date sont conservées à la Bibliothèque nationale, sous les No. Ye 11, 166 et 15.

167. En allemand Pfister (?). — M. Madden, *Lettres d'un bibliographe*, 5e série, p. 34, note, demande s'il ne serait pas de la même famille qu'Albert Pfister, le prototypographe de Bamberg. — Cf. Rondot, p. 143.

168. Rondot, p. 143.

169. Hain, No. 6987; Proctor, No. 8520.

170. Un exemplaire en est conservé à la Bibl. de Tours.
171. Ces types se remarquent dans une *Destruction de Troie* (Hain, No. 5521). On les retrouve dans le volume de Hain, No. 11923, qui ne porte aucune indication bibliographique, et dans une *Consolatio peccatorum* de Jacques de Theramo.
172. On les rencontre dans une Bible latine de 1482 (Hain, No. 3085). — Cf. Proctor, p. 614.
173. La *Légende dorée* de janvier 1487 (Proctor, No. 8532) a été imprimée avec son concours.
174. Il est probable même que Marc s'en servit momentanément quelques années plus tard, lorsqu'il alla créer à Kirchheim un atelier dont on connaît deux éditions, l'une datée de 1491 (Proctor, No. 3209, 3210). En 1495, ce matériel était rentré chez Jean Reinhard (Cf. Proctor, p. 52 et 211). — En corrigeant les épreuves de ce travail, j'ai sous les yeux un article de M. R. Proctor, *Marcus Reinhard et Johann Grüninger,* paru tout récemment dans la 1ʳᵉ partie du vol. V des *Transactions of the bibliographical Society,* qui confirme les relations de ces deux imprimeurs.
175. Cf. Rondot, p. 141.
176. De Botwar étaient également Nicolas Kesler, qui exerça à Bâle; Jean Schabler dit Wattenschnee, que nous allons voir à Lyon, et peut-être l'„Henricus Tornerii", qui fut un des prototypographes de Toulouse.
177. Qui en employa lui-même de semblables de 1475 à 1479 (cf. Hain, No. 5419, 9500, 3594, 1332 etc.).
178. Proctor, p. 615; Pellechet, *Alphabets d'impr. du XVᵉ siècle* (loc. cit.), p. 1.
179. 31 mars et 27 avril 1478 (Proctor, No. 8574; Hain, No. 15197). Huss publia seul dès 1478 (Hain, No. 2272). — Sur Siber, cf. Rondot, p. 146.
180. Sa pauvreté l'empêcha d'être inscrit sur les registres d'impôts de Lyon: Rondot, p. 72.
181. Cf. A. Claudin, *Origines de l'impr. à Albi,* p. 69 et 70.
182. Rondot, p. 79.
183. *Der Spiegel der menschlichen Behältnisse* (Hain, No. 14936). Une partie des planches a été refaite à Lyon. Peut-être Siber les a-t-il apportées lui-même de Bâle avec les caractères que nous retrouvons chez Martin Huss.
184. Hain, No. 3682. — Il était d'ailleurs si pauvre, qu'en 1503 il obtenait décharge complète de ses impositions: Rondot, p. 147.
185. Cf. Rondot, p. 145.
186. Sa marque, encore inédite existe dans un volume de *Quaestiones super Donatum* incomplet de la fin, qui est conservé à la Bibliothèque de Vesoul.
187. Cf. Rondot, p. 162.
188. Comparer les deux éditions, celle de Le Roy est le No. 11057 de Hain; celle de Ortuin et Schenck, le No. 11059.
189. Cf. Rondot, p. 147.
190. 28 août 1493, 24 avril et 4 juillet 1494, 16 février 1495. — Cf. Rondot, p. 163.
191. 24 avril 1494. — Cf. Rondot, p. 188. — La presse prétendue de Perrin Le Masson à Venise paraît n'être qu'un mythe: cf. Proctor, p. 623.
192. Rondot, p. 151.   193. Proctor, No. 8555.   194. Cf. Rondot, p. 153.
195. Cf. *idem,* p. 155; A. Claudin, *Orig. de l'impr. à Albi,* p. 70 et 71, note. — Schabler, ancien étudiant de l'Université de Bâle (1473), arriva à Lyon vers 1483 et imprima, dit-on, dans cette ville jusqu'en 1503. Il se rendit de là à Paris, où il aurait exercé jusqu'en 1518 et se retira à Bâle sur la fin de sa carrière.
196. *Loc. cit.,* P. 31, note 1.
197. Castan, *Catal. des incun. de la Bibl. de Besançon,* No. 450.
198. Elle se traduisit encore par des copies exécutées par les ouvriers graveurs de Huss: on conserve à Dresde une édition de la *Destruction de Troie,* faite à Paris en 1484 par Jean Bonhomme (Hain, No. 11160), dont la planche initiale a été copiée pour l'édition du même ouvrage, que Huss publia le 20 février 1501, n. st. (Hain, No. 11166).
199. Pellechet, *Catal. des incun. des Bibl. de Lyon,* No. 606.
200. On a conservé une *Pragmatique sanction* de 1488. En 1493, il repartit pour l'Allemagne, mais en 1496 il était déjà de retour et se préparait à imprimer les *Institutes de Justinien* et le *Missel de Lyon,* qui parurent les 21 novembre 1497 et 16 avril 1500 (Pellechet, *Catal. ... Lyon,* No. 359 et 424).
201. Rondot, p. 161. — Pour cette similitude des caractères typographiques, cf. Proctor, p. 618.

202. Pellechet, *Catal. général*, No. 620.
203. Sur Neumeister, cf. principalement Dr. Desbarreaux-Bernard, *Notice bibliogr. sur le Missel d'Uzès*, dans le *Bullet. du biblioph.*, 1874, p. 465; A. Claudin, *Orig. de l'impr. à Albi. Les pérégrinations de J. Neumeister*, 1880; Rondot, p. 165; F. Desvernay, *Orig. de l'impr. à Lyon*, dans le *Bullet. du biblioph.*, 1896, p. 397.
204. A ce sujet, on n'a formé jusqu'ici que des conjectures.
205. Ces caractères se rencontrent entre autres dans le *Missale Vratislaviense*, du 24 juillet 1483; cf. Proctor, p. 32 et 35, et No. 120.
206. Pellechet, *Quelques hypoth. sur l'impr. en Languedoc*, dans la Chronique du *Journal général de l'impr. et la libr.*, 1893, p. 15.
207. Peut-être dut-il cette commande à l'ami de Guillaume Fichet, le cardinal archevêque Charles de Bourbon, dont il fit graver les armoiries en une superbe planche, dessinée, dit-on, par Jean Perréal (Desvernay, p. 399).
208. Pellechet, *Catal. général*, No. 805.
209. Mlle. Pellechet, *Quelques hypoth.*, p. 14 et 15, a signalé la première ce livre imprimé avec les grands caractères des missels et les petits caractères du Bréviaire de Vienne. Contrairement à son opinion, qui l'attribue à l'atelier d'Albi, je le place à Lyon.
210. Cf. Rondot, p. 41 et 178; F. Desvernay, p. 401.
211. Cf. Rondot, p. 177; F. Desvernay, p. 403.
212. Sur les illustrations de ce livre, cf. entre autres Heinecken, *Idée générale d'un collect. d'estampes*, p. 144; Thierry-Poux, No. 74; Rondot, p. 40.
213. Hain, No. 3956. — L'exécution de ces planches de cuivre fut presque un accident dans les habitudes de Topié et de Herrnberg; car on les vit utiliser plus tard des bois d'un style archaïque.
214. Cf. Rondot, p. 162; F. Desvernay, p. 404.   215. Cf. Rondot, p. 174.
216. Cf. le colophon du volume décrit par Hain, sous le No. 16022.
217. Cf. Proctor, p. 620.
218. Pellechet, *Catal. général*, No. 2211.
219. Il ne tarda pas à faire éditer par Trechsel ses propres ouvrages: le 14 novembre 1492, paraissait son recueil des *Sylvae morales*.
220. De cette union issut une fille qui épousa Robert Ier Estienne.
221. Il avait fait imprimer son *De gestis Francorum* par Trechsel, le 14 juin 1497.
222. Cf. Rondot, p. 179.
223. On a cité de lui plusieurs éditions, qui feraient croire à son établissement à Lyon à une époque relativement ancienne: le No. 15249 de Hain, par exemple, qui porte certainement par erreur la date de 1478 (pour 1498?). L'*Arte del ben morire*, qu'on lui a attribué à Lyon en 1490, où il aurait collaboré avec Pierre Himmel, ne porte pas d'indication de lieu, mais les caractères et les gravures sont tout à fait vénitiens: M. R. Proctor en a donc tiré la conclusion que Klein et Himmel exerçaient à Venise à cette date et non à Lyon. Enfin l'édition des *Offices* de Cicéron de 1496, qui a été mentionnée par Hain sans avoir été vue (No. 5237), reste encore à vérifier.
224. Rondot, p. 150. — Le *Catal. général* de Mlle. Pellechet signale deux éditions de lui, des 24 janvier et 13 février 1493, avec la marque de Mathias Huss (No. 774 et 775). Les caractères qu'il employa sont exclusivement lyonnais. Sa marque a été publiée par M. Castan, *op. cit.*, p. 341.
225. Cf. Claudin, *Origines . . . Albi*, p. 67, note; Rondot, p. 188.
226. Le P. Gottfried Reichhart, *Beiträge zur Incunabelnkunde*, p. 175.
227. Castan, *Catal. . . Besançon*, No. 248, 349 et 505.
228. Ce qui ferait croire qu'il termina sa carrière à Lyon, c'est que sa veuve y demeurait en 1512: Rondot, p. 190.
229. Claudin, *Origines . . . Albi*, p. 66, note; Rondot, p. 193.
230. On a prétendu qu'il a imprimé en 1499 et 1500 à Paris au moins deux volumes (Hain, No. 8909 et 10392): c'est une erreur. Il n'y eut aucune interruption de ses presses à Lyon pendant ces mêmes années.
231. Exemples: Guillaume Le Roy, Jean Siber, Jean Trechsel; le Missel d'Uzès par Neumeister et Topié présente aussi des caractères semblables à ceux de Janon Carcagni. Wolf avait copié des modèles vénitiens, qui étaient ainsi passés dans un certain nombre d'ateliers.

232. Rondot, p. 168. — Il serait originaire de Pavie (cf. Ph. Renouard, *Imprim. paris.*, p. 58), où imprima Antonio de Carchano (1476-1497). On a dit qu'il était passé par Paris, où, en 1487, il aurait eu une presse sur le pont Saint-Michel; mais il semble y avoir eu confusion de personnes. D'ailleurs, le Lyonnais signait généralement *Janonus*, et le Parisien *Johannes*.

233. Abbé Martin, *Note sur quelques ouvrages lyonnais rares ou inconnus*, dans le *Bullet. histor. et philolog.*, 1897, p. 121.

234. Rondot, p. 188.

235. Il indiqua dans son édition de Virgile, du 5 novembre 1492, qu'il imprimait „cum characteribus venetis".

236. Le 22 septembre 1485, il y était associé avec Hannibal Foxius (Proctor, No. 5007); mais, en 1486, il s'était séparé de lui.

237. Pellechet, *Catal. génér.*, No. 1601.

238. Rondot, p. 191.

239. Son dernier labeur paraît avoir été daté du 14 décembre 1493: Maignien, *Catal. des incun. de Grenoble*, No. 587.

240. Rondot, p. 215.

241. Les 28 juillet et 13 septembre 1496, il éditait à Lyon (Proctor, No. 8658 et 8659); or, le 24 octobre 1496, il publiait encore un volume à Turin (Pellechet, *Catal. génér.*, No. 610).

242. Cf. Proctor, p. 625: „The supposed migration to Venezia in 1497-98 no doubt rests on the words „literis venetis" so often used in Lyon books of this period; the supposed Torino books of 1497 and 1499 are at present without sufficient evidence of existence."

243. Rondot, p. 208.

244. Ce sont très probablement ces deux typographes qui imprimèrent, en 1496, aux frais d'Élie Olivelli, les *Commentaria Guidonis Papae super statuto Delphinali*, que l'on a jusqu'ici attribué à un atelier de Valence (cf. Proctor, p. 647 et No. 8660).

245. Rondot, p. 212. — Cf. Hase, *Die Koberger*, p. 147.

246. Rondot, p. 190; Mirko Breyer, *Nesto gradje staroj hrvatskoj Knjizevnokulturnoj povjesti*, p. 9; J. Baudrier, *Bibliogr. lyonnaise*, t. IV, p. 9.

247. A. Alès, *Descript. des livres de liturgie*, p. 283; J. Baudrier, t. IV, p. 11 à 16.

248. Il était certainement à Lyon en 1482; il était inscrit sur les rôles des tailles dès 1485: Rondot, p. 154. Mais son premier ouvrage connu est du 22 mai 1487. M. R. Proctor (p. 618) a fait observer qu'il dut avoir des relations avec Neumeister, car on trouve chez lui des caractères qui semblent avoir appartenu à ce typographe allemand.

249. Rondot, p. 171. — Il est inutile de revenir ici sur la distinction qui doit être faite entre lui et son homonyme de Paris: il n'y a pas de confusion possible à établir.

250. Pour ces gravures, il prit quelquefois modèle sur Pierre Le Rouge, le fameux imprimeur parisien, dont il copia les bois de la *Mer des histoires* de 1488 pour une édition qu'il fit du même ouvrage, en août 1491. Il agit ainsi encore à l'égard du Jean Dupré, de Paris, et de Guillaume Le Roy, de Lyon, auquel il paraît avoir emprunté des caractères. — Pour cet atelier, cf. Rondot, p. 32.

251. Ce n'est pas encore parfaitement certain; d'ailleurs le Jean Dupré, de Salins, signait *Johannes de Pratis* et celui de Lyon *Johannes de Prato*.

252. Hain, No. 8610. Les caractères de ce livre ont servi plus tard à Jean Dupré, pour imprimer seul un autre livre, la *Légende dorée*, qui se trouve à la Bibl. nat., Yo² 106.

253. Castan, No. 529. — Il y employa les petits caractères qu'il conserva si longtemps dans son atelier et qui font reconnaître ses ouvrages.

254. Rondot, p. 181.

255. Pellechet, *Catal. génér.*, No. 2313 et 2314. Bien que Hain (No. 7087 et 7044) l'ait signalé en 1484, d'habitude on ne date l'ouverture de son atelier que de 1489 (Proctor, p. 621).

256. Rondot, p. 186. — Il imprimait seul en 1490 (Hain, No. 7656).

257. Rondot, p. 185.

258. Il est difficile de croire qu'il ait été imprimeur à Venise: à la fin d'octobre 1499 et le 16 juin 1500, il était encore à Lyon. Selon M. Proctor (p. 372), les mots du colophon dans le Missel de Besançon: „impressa industria Jacobi Malieti", signifient seulement qu'il fut l'éditeur de ce volume.

259. Rondot, p. 218. — Il imprima seul en 1500: Hain, No. 2339; Pellechet, *Catal. génér.*, No. 2200.

260. Rondot, p. 217.   261. *Idem*, p. 183.

262. *Idem*, p. 183; Gaullieur, *Etudes sur la typogr. génevoise*, p. 43; Proctor, p. 628.

263. Rondot, p. 216.

264. *Idem*, p. 215. — Il s'associa en 1500 avec Jean Fyroben: A. Péricaud, No. 221; Castan, No. 511.

265. Rondot, p. 42 et 207. — Il appartenait à une famille d'artistes graveurs.

266. Il serait oiseux de revenir sur les discussions qui se sont élevées pour déterminer s'il s'agit de Toulouse en Languedoc ou de Tolosa en Espagne. Elles sont parfaitement closes. — Sur l'imprimerie à
Toulouse, cf. les nombreux ouvrages du Dr. Desbarreaux-Bernard, mais surtout son *Imprimerie à
Toulouse aux XVe, XVIe et XVIIe siècles*, 2e édit., 1868, rééditée dans l'*Hist. génér. de Languedoc*, t. VII
(1879), p. 610; A. Claudin, *Les enlumineurs, les relieurs, les libr. et les impr. de Toul. aux XVe et XVIe
siècles*, extr. du *Bullet. du biblioph.*, 1893; Macary, *Étude sur l'orig. et la propag. de l'impr. à Toul. au
XVe siècle*, dans le *Bullet. histor. et philolog.*, 1898, p. 242 (cf. le compte rendu de cet article dans le
Bibliographe moderne, 1899, p. 93).

267. Cf. la requête des enlumineurs de Toulouse du 16 septembre 1477: A. Claudin, p. 13. — Les dates
données par M. Rondot (p. 137) démontrent, contrairement à ce qu'ont avancé le Dr. Desbarreaux-
Bernard (*Barthélemy Buyer* dans les *Mém. de l'Acad. des sciences de Toul.*, 7e série, t. V, p. 230) et
Claudin (p. 9), que le Barthélemy Buyer qui commerçait à Toulouse n'était pas le Lyonnais, commanditaire de Guillaume Le Roy. — On sait que Jean Koberger, le représentant à Lyon de la grande imprimerie de Nuremberg, avait établi une succursale à Toulouse (Claudin, p. 10 et 31).

268. Il y eut d'abord les Ordonnances pour le fait de la justice (Bibl. de Toulouse, No. 172, et de Valence,
E 590), dont les caractères sont semblables à ceux des *Saintes pérégrinations de Jérusalem*, publiées
par Topié en 1488; il y eut ensuite les Ordonnances pour les monnaies (Bibl. de Toulouse, No. 109),
dont les caractères, analogues mais plus petits, sont les mêmes que ceux du No. 374 du *Catal. génér.*
de Mlle. Pellechet.

269. Sur cet artiste, cf. Rondot, p. 133.

270. Macary, p. 243 et 244.

271. *Catal. des incun. de la Biblioth. de Toulouse*, p. 24.

272. *Quelques hypothèses sur l'établiss. de l'impr. en Languedoc (loc. cit.)*, p. 11 à 14.

273. Proctor, p. 615 et 631. On doit cependant faire remarquer avec Mlle. Pellechet, *Quelques alphabets
d'impr. au XVe siècle* (dans la *Revue des Bibl.*, 1896, p. 133) que ces caractères ont beaucoup de ressemblance avec ceux que Solidi employa à Vienne et en même temps avec ceux de P. Drach, à Spire
(1477-1479). Bernhard Richel, de Bâle, en eut aussi d'à peu près analogues (K. Burger, *Mon. Germ.
et Ital. typogr.*, 108).

274. Ceci n'est qu'une hypothèse, que je soumets en attendant des documents positifs. On sait que le *De
modo ludi scacchorum* de Jacques de Cessoles était signé M H D B (Martinus Huss de Botwar).

275. Cf. Desbarreaux-Bernard, *L'impr. à Toulouse*, p. 35; Pellechet, *Quelques hypothèses*, p. 11.

276. Pellechet, *ibidem*.

277. Avant le commencement de l'année 1478.

278. Macary, p. 244.

279. M. Macary (p. 245) fait observer que les incunables anonymes de Toulouse signés T doivent être de lui.

280. D'abord installé dans le quartier du Pont-Vieux, il se transporta, vers 1488, dans celui de Saint-
Pierre des Cuisines.

281. Desbarreaux-Bernard, *L'impr. à Toul.*, p. 48; Pellechet, *Quelques hypoth.*, p. 13, 14; *Jacques de Vora-
gine, Addit. à la liste des édit. de ses ouvr.*, dans la *Revue des Biblioth.*, 1895, p. 226.

282. Cf. la procuration donnée par Parix, le 27 avril 1491: Macary, p. 245.

283. C'est ce Clébat qui publia, en 1490, le Missel de l'église de Toulouse dont j'ai déjà parlé: cf. abbé
Salvan, *Recherch. sur la liturgie en génér. et celle de Toulouse en particul.* (1850), p. 127; et Desbarreaux-Bernard, dans l'*Hist. génér. de Languedoc*, t. VII, p. 621.

284. Suivant M. Claudin (p. 25), il serait originaire de cette ville et y aurait conquis ses grades universi-
taires en 1483.

285. Cf. Macary, p. 246 à 249.

286. Mlle. Pellechet m'a fait observer qu'il ne serait pas impossible que ce typographe fût Jean Philippi,
de Kreuznach, qui devint à Paris l'associé de Georges Wolf.

287. Rapprocher encore le nom de ce personnage de celui de Pierre de Hongrie, qui imprima à Lyon.
288. M. Macary (p. 250) donne l'indication de son contrat de mariage, daté du 10 octobre 1488.
289. C'est l'édition des gloses de Jean „de Magistris" sur Pierre d'Espagne, parue en 1490, avec au début une préface d'Henri Mayer, „impressor librorum", et à la fin le nom et la marque de Jean Trechsel (No. 655 des incunables de la Bibl. d'Avignon). La préface de Mayer indique que c'est lui-même qui a préparé et corrigé le texte de cette édition: quant au colophon, il est copié, mais non textuellement, sur celui que Trechsel avait imprimé à la fin des *Glosulae J. Versoris in Aristotelis philosophiae naturalis libros*, en 1489 (Hain, No. 16022).
290. Proctor, p. 631. — Mayer employa encore, en les combinant avec au moins deux types qui lui sont particuliers (1º Thierry-Poux, pl. XXV, 7 à 10; — 2º *Ibidem*, 8 [l. 10 et suiv.], 11 à 13), les petits caractères qui ont servi pour la *Philosophia pauperum* d'Albert le Grand, imprimée très probablement à Lyon, „inpensis Johannis Solidi" (voir ci-après, où il est question des éditions faites à Vienne par Solidi). Mayer le fit par exemple pour le *De civitate* de S. Augustin (Pellechet, No. 1558) et des *Casus reservati* (No. 586 des incunables de la Bibl. d'Avignon).
291. Ce travail a été fait par M. Haebler, bibliothécaire à Dresde. Le catalogue d'incunables espagnols qu'il prépare fournira sans doute de précieux renseignements.
292. Citons entre autres une traduction de l'*Imitation* (28 mai 1488), une autre de Boèce (4 juillet 1488), la *Coronica de España* de Diego de Valera (1489), *El peregrinage de la vida humana* de Guillaume de Guilleville (1490), une traduction du *De proprietatibus rerum* de Barthélemy de Glanville (18 septembre 1494), etc.
293. Macary, p. 250.
294. A la fin, on lit: „Impressum Tholose, per magistrum Johannem de Guerlins."
295. A. Claudin, *Orig. de l'impr. à Albi*, 1880; Ch. Portal, *Note sur l'impr. Jean Numeister*, dans la *Revue du Tarn*, t. XIII, 1896, p. 225.
296. Les 1er, 3e et 4e de ces livres sont datés d'Albi; mais pas un n'est signé du nom de Neumeister. Cependant on a pu lui attribuer avec toute certitude les Méditations de Torquemada, dans lesquelles se retrouvent toutes les estampes (moins une) que Neumeister avait intercalées dans l'édition du même ouvrage, qu'il avait donnée à Mayence en 1479; — et le Missel romain, dont les caractères sont exactement semblables à ceux du Missel de Lyon, qu'il a imprimé en 1487.
297. L'erreur la voici: de ce qu'il est prouvé que Neumeister a composé à Albi deux volumes en caractères gothiques, s'ensuit-il qu'il est l'auteur de tous les livres imprimés à Albi au XVe siècle, surtout quand ces livres sont en caractères romains? M. Claudin avait répondu oui.
298. Date de son édition des *Meditationes* de Jean de Torquemada en cette ville. Et encore je néglige l'*Agenda ecclesiae Maguntinensis*, de juillet 1480, dont l'attribution a été faite à Neumeister
299. Je n'affirme pas qu'il ait *toujours* imprimé à Albi, car il n'y a qu'une seule de ses éditions qui soit datée de cette ville.
300. Pellechet, *Catal. génér.*, No. 49.
301. *Idem*, No. 674.
302. *Idem*, No. 1889; cf. Portal, *Catal. des incun. de la Bibl. d'Albi*, p. 46.
303. *Idem*, No. 1990.
304. Pellechet, *Quelques hypothèses*, p. 14.
305. *Idem, ibid.*, et Maignien, *Catal. . . . de Grenoble*, No. 339.
306. Pellechet, *ibid.*
307. Pellechet, *Alphabets des impr. du XVe siècle (loc. cit.)*, p. 1.
308. Il est probable qu'à Albi, il imprima autre chose que les deux volumes que je viens de mentionner, mais on n'en sait rien.
309. Les articles et opuscules du vicomte Colomb de Batines et de Vital-Berthin sur les impressions dauphinoises au XVe siècle, sont très arriérés; je ne les citerai donc pas.
310. Sur cette question, très importante au point de vue de la filiation des caractères typographiques, cf. Pellechet, *Quelques alphabets d'impr. au XVe siècle (loc. cit.)*, p. 132 et suiv.
311. Proctor, p. 633; Maignien, *Catal. . . . Grenoble*, No. 20. — La *Philosophia pauperum* indique qu'elle a été imprimée „inpensis Johannis Solidi" et non pas „opere J. S."; il est fort possible que Solidi en ait été seulement l'éditeur et ait chargé de l'impression un de ses collègues de Lyon. Remarquons que

dans cet ouvrage il existe des caractères de deux grandeurs différentes : les plus gros sont bien d'apparence lyonnaise. Quant aux plus petits, ils paraissent appartenir à deux sortes de fontes (voir les deux espèces d'A majuscules); l'une dut disparaître rapidement et je ne l'ai pas encore retrouvée ailleurs : l'autre est exactement semblable à celle qui fut employée un peu plus tard par Henri Mayer à Toulouse, par exemple dans les *Casus reservati* (No. 586 de la Biblioth. d'Avignon), dans le *De civitate Dei* de S. Augustin (Hain, No. 2062), etc. — De la même famille que cette édition sont les No. 68 et 511 du *Catal. de Grenoble.*

312. Cette première édition, hâtivement et maladroitement faite, a été exécutée pour permettre aux ecclésiastiques du diocèse de se conformer au mandement de l'évêque, du 4 novembre 1478, qui leur prescrivait de posséder ces Statuts avant Noël. Elle est caractérisée par le manque de table au début. Il en existe des exemplaires à la Bibl. de Tours, chez M. Chaper (exemplaire de l'abbé Naquin, expédié le 11 mai 1479) et chez M. de Terrebasse (cet exemplaire décrit par Brunet, t. V, col. 520).

313. Il existe deux tirages de cette édition, tous deux commençant par la table. Le 1er est caractérisé par le colophon : „Expliciunt statuta prouincia ‖ alia . . .“ (Thierry-Poux, No. 98, pl. xxvii, 3; Maignien, *Catal.*, No. 529); le 2e porte : „Expliciunt statuta prouinci ‖ alia . . .“ (Maignien, No. 530).

314. Pellechet, *Quelques alphabets*, pl. ix.

315. P. 137 des *Quelques alphabets.* — A cette liste il faut ajouter les No. 8727, 8731 et 8732 de Proctor; le *Processus Luciferi contra Jhesum*, in-fol. de 84 ff. conservé à la Bibliothèque d'Avignon; *La dispute du corps et de l'ame, Le mirouer de l'ame* et *La table de la confession,* au Musée Condé, à Chantilly.

316. Sur un exemplaire du deuxième tirage se trouve en effet une note relative aux prières à dire pour le repos de l'âme de Jean Solidi (No. 530 de Grenoble).

317. En général, les bibliographes ont placé dans la ville même de Bâle l'atelier de Frommolt; mais il est à remarquer que s'il était resté dans son pays, il n'aurait pas pris la qualification de „Basileensis“. Cf. Proctor, p. 634.

318. Ce sont celles du type B de Mlle. Pellechet.

319. Hain, No. 15716 et 9935.

320. Brunet, *Manuel du libraire,* 5e édit., t. V, col. 916. — Ce volume, ainsi que les suivants, n'est pas daté.

321. Ces deux dernières éditions, ainsi que l'*Histoire de Grisélidis* (Hain, No. 12822), sont au Musée Condé.

322. Bibl. de Toulouse. La Bibl. de Grenoble en a deux feuillets, qui ont été décrits par M. Maignien, *Catal.*, No. 614. Remarquons que l'exemplaire de Toulouse est relié avec le *Cathon en françois* et le *Doctrinal de sapience,* imprimés avec des caractères de Guillaume Le Roy (?).

323. Pellechet, *Catal. . . . de Lyon,* No. 594. Cette édition n'est pas signée de Le Roy, mais elle a été imprimée avec les caractères qui lui appartiennent certainement.

324. Castan, *Catal.*, No. 521, 678, 719, 837. — La Bibl. de Saint-Dié possède toute une série d'incunables qui ont été achetés à Besançon par un „Johannes Monachi“, depuis le mois de décembre 1478 jusqu'en juin 1487. Des documents, qui me communique mon collègue et ami M. Poëte, établissent que ce Jean Lemoine, archidiacre de Gray, chanoine et official de Besançon, décédé le 4 août 1488, les avait légués par testament à la collégiale de Saint-Dié.

325. Imprimeur en 1479 et 1480 des deux volumes du Bréviaire de Besançon : Castan, *Catal.*, No. 259 et 260.

326. L. de Sainte-Agathe, *L'impr. en Franche-Comté,* p. 7; A. Claudin, *Orig. de l'impr. à Salins (Bullet. du biblioph.,* 1892, p. 193).

327. Date des lettres d'indulgences pour les bienfaiteurs du couvent de Poligny, imprimées avec les mêmes. caractères que le Bréviaire de 1484 (No. 599 du *Catal.* de Castan, avec fac-similé).

328. Le colophon, d'une versification irrégulière et d'un latin douteux, qui termine cet ouvrage, a beaucoup intrigué les bibliographes au sujet de la date qui est ainsi formulée : „anno milleno bis quater velut centeno“. M. Castan *(Le premier livre impr. en Franche-Comté,* dans les *Mém. de la Soc. d'émul. du Doubs,* 1879), s'est prononcé pour 1484; M. Claudin *(op. cit.),* par un autre calcul, est arrivé à la même date (cf. Castan, *Catal.*, No. 262); le Dr. Coste, bibliothécaire de Salins, m'a proposé 1480; le R. P. Comtet *(Le Bréviaire de Salins,* dans les *Annales franc-comtoises,* 1898, p. 338), a indiqué aussi 1480; M. Julien Havet, cité par le P. Comtet (p. 344), a prononcé 1490. Selon moi, l'expression „bis quater velut centeno“ doit se traduire : deux fois quatre fois comme la centaine, ou deux nombres reproduits quatre fois comme la centaine, soit, avec le mot „milleno“ : M. CCCC. IIIIxx. IIII.

329. Castan, *Catal.*, No. 696.

330. Ce qui confirmerait cette hypothèse, selon M. Castan, c'est que le gros texte du Missel de 1485 présente les caractères qui se remarquent dans les lignes du début de la *Postilla Guilermi* imprimée à Lyon par Jean Dupré, en 1487.

331. A. Claudin, *Les impr. particul. en France*, p. 23, note 1, et p. 24, note 2.

332. Sainte-Agathe, p. 9; Clément-Janin, *Les impr. et les libr. de la Côte-d'or*, 2ᵉ édit., p. 1. — C'est à Mlle. Pellechet (*Catal. des incun. de la Bibl. de Dijon*, p. 122-124) que l'on doit l'attribution certaine à Pierre Metlinger des premières impressions bisontines. Cf. aussi Castan, *Catal.*, No. 124, 819, 820, 864 à 866, 871, 872, 877 et 878.

333. Cf. Proctor, p. 642 et 543. Amerbach utilisait ces assortiments depuis le commencement de ses travaux (1478).

334. Hain, No. 15545. — Cet in-4⁰ de 40 feuillets ne porte aucune indication bibliographique; mais les caractères sont les mêmes que ceux de l'Arnaud de Villeneuve.

335. Ces différents opuscules ont été imprimés aussi de façon à pouvoir être vendus séparément.

336. Besançon n'eut plus d'imprimerie au XVᵉ siècle; après le départ de Metlinger, on s'adressa pour les livres liturgiques à Paris et à Venise (cf. Castan, *Catal.*, No. 263, 548, 697 à 699).

337. Cf. Sainte-Agathe, p. 10; Clément-Janin, p. 1; M. Pellechet, *Catal.... de Dijon*, p. 40.

338. Pour les initiales de ces deux ouvrages, Metlinger avait fait usage de nouveaux bois; l'un imitait l'L initiale du *Livre du faulcon*, imprimé à Paris par Pierre Le Rouge. Peut-être la taille en était-elle due au Wilhelm, „incisor", qui se trouvait à Dijon avec les ouvriers de Metlinger (A. Claudin, *Les impr. particul.*, p. 24, note 1).

339. Le P. Laire (*Index librorum*, 2ᵉ partie, p. 413), Sainte-Agathe (p. 11) et Clément-Janin (p. 8) disent que Metlinger revint à Dôle pour y éditer, en 1492 la *Lectio super epidemiae morbo* de Jean Eberling (Hain, No. 8413), dont un exemplaire est à la Bibliothèque de Nancy; mais il faut observer que la date du 1ᵉʳ octobre 1492 et l'indication du lieu de Dôle se rapportent seulement à l'épître préliminaire écrite par Eberling et non à l'édition du livre.

340. Cf. Claudin, *Les enlumineurs ... de Toulouse*, p. 29, note 1. — Sur l'imprimerie à Dijon, cf. Clément-Janin, p. 2; A. Claudin, *Les imprim. particul.*, p. 23.   341. A. Claudin, p. 24, note 2.

342. Sur cet ouvrage, dont chaque exemplaire devait être signé par Conrad de Leonberg, cf. Ph. Guignard *Analecta Divionensia*, t. X, p. XC-XCII et CII-CXII; M. Pellechet, *Catal. ... de Dijon*, p. 37.

343. Quant aux initiales, ce fut sans doute son compagnon Wilhelm qui les grava.

344. Le premier de ces livres est cité par Claudin, *Les impr. particul.*, p. 25; le second, par Proctor, No. 8796.

345. Car les deux ouvrages qui viennent d'être mentionnés ne suffirent sans doute pas à occuper l'atelier pendant 13 mois. D'ailleurs, M. Clément-Janin (p. 6) lui attribue une Lettre pastorale de l'évêque de Langres, imprimée vers 1491.   346. Cf. Thierry-Poux, No. 148.   347. Proctor, No. 7588 et 7589.

348. Tous les bibliographes ont en effet déclaré que ce Bréviaire, sans indication de nom d'imprimeur et de lieu, avait été composé par Wenssler à Cluny, parce que, disent-ils, le Diurnal imprimé par lui à Mâcon en 1494, l'a été avec les mêmes types. Mais la vérité est que ces deux livres ont bien des caractères à peu près semblables, mais non pas identiques. La seule chose qui milite en faveur de Cluny, c'est que Wenssler y était en 1493.

349. Cf. L. Delisle, *Rapport sur une communic. de M. Dumoulin. Livres impr. à Cluny au XVᵉ siècle*, dans le *Bullet. histor. et philolog.*, 1896, p. 852.

350. Ces livres liturgiques édités à grand nombre, ont été l'objet d'une ordonnance (5 mai 1493), prescrivant à toutes les maisons de l'ordre de Cluny de s'en procurer une quantité d'exemplaires déterminés. Cf. A. Bernard, *Mém. de la Soc. des Antiq. de France*, 4ᵉ série, t. I, p. 38; L. Delisle, op. cit., p. 857.

351. Peut-être, en vue de l'exécution de l'ordonnance du 5 mai 1493, avait-on été obligé de faire deux éditions du Missel; car M. Bernard a calculé qu'il en avait fallu près de 4.000 exemplaires.

352. C'est-à-dire 47 jours seulement après la publication du Psautier. — Cf. sur cet atelier H. Gloria, *Le premier impr. mâconnais. Michel Wenssler, de Bâle*, p. 12.

353. L'unique exemplaire connu du Diurnal montre que le nom de l'„honestus vir mercator Matisconensis" ne fut pas imprimé : il est donc possible que plusieurs particuliers se soient associés pour les frais de l'édition; chacun d'eux aurait fait écrire son nom sur les exemplaires qui lui revenaient. Mlle. Pellechet me fait remarquer que le fait n'était pas rare même au XVᵉ siècle : le No. de Hain 10327 a deux colophons distincts, l'un du 6 avril 1499 pour Guy Marchand, l'autre du 10 avril avec la marque de Jean Petit.

354. A. Claudin, *L'impr. à Uzès au XVe siècle*, dans le *Bibliographe mod.*, 1899, p. 5.
355. Qui fut imprimé, comme je l'ai déjà dit par Neumeister et Topié à Lyon.
356. Le 6 mars 1494, il y publiait un Boèce avec les caractères du Bréviaire d'Uzès (Hain, No. 3406).
357. Ces faits sont bien connus et ont été rapportés par différents auteurs. Je citerai seulement P. Achard, *Simples notes sur l'introd. de l'impr. à Avignon*, dans le *Bullet. histor. et archéol. de Vaucluse*, t. I, p. 181 ; M. Pellechet, *Notes sur les imprim. du Comtat Venaissin*, p. 41.
358. Contrat de louage d'une maison par cet imprimeur à „Colla Monterous", potier d'étain : Brèves du notaire Jean de Gareto en l'étude de Me. Giraudy, d'Avignon (Doc. communiqué par M. l'abbé Requin).
359. Non seulement le conseil de ville lui remboursa ses frais de déplacement, mais il lui paya encore en Avignon une année de loyer ; de plus, le 21 février 1498, il imposa un droit de gabelle sur tous les livres importés (cf. Achard, p. 244).
360. Cf. Brunet, t. III, col. 1210 ; Pellechet, *Notes* . . ., p. 43.
361. Le 31 juillet 1501, Rohault ne l'avait plus et était obligé de louer un nouveau matériel à Michel Topié, de Lyon, pour continuer ses travaux (Rondot, p. 110).
362. Rohault était à Lyon dès 1485 ; il y revint en 1504. Comme il n'était rien moins que riche, il devait travailler au compte de différents patrons : cf. Rondot, p. 167.
363. Le *Tractatus libellorum de utraque censura* d'Odofredo (Hain, No. 11967) parut le 20 février 1500 (et non 1501, à Avignon l'année commençant à Noël), le *Tractatus judiciorum super jure Caesaris et pontificis* du même (Hain, No. 11965), est de 1500 ; le *Tractatus de duobus fratribus* de Pietro de Ubaldi et la *Repetitio de foro competenti* de Jordano Briccio (No. 926 et 266 du *Catal.* de Castan) sont dans date.
364. Ce sont celles de la famille d'Anselme encore existante à Avignon (renseignement dû à M. l'abbé Requin).
365. Brèves du notaire Georges Savourey, en l'étude de Me. de Beaulieu en Avignon (document communiqué par le même).
366. Il y en avait un exemplaire à la Bibl. d'Arles, où Mlle. Pellechet l'a vu en 1889 ; à un second voyage en 1898, elle ne l'y a plus retrouvé.
367. Cf. Cros-Mayrevieille, *Les anc. atel. typogr. de Narbonne*, dans la *Revue des Pyrénées*, 1891, p. 26 ; A. Claudin, *Les impr. particul.*, p. 26.
368. J. Comet, *L'impr. à Perpignan. Rosembach*, extr. du XXXVIIe *Bullet de la Soc. agric., scientif. et littér. des Pyrénées-Orientales* (cf. Stein, *Bibliographe mod.*, 1897, p. 177).
369. Vicomte Colomb de Batines, *Lettre à M. J. Ollivier*, p. 8 ; Maignien, *L'impr., les impr. et les libr. de Grenoble* (2e part. du t. XVIII du *Bullet. de l'Acad. delphinale*, 3e série), p. VIII et suiv. ; *Catal. des incun. de Grenoble*, No. 406, 431, 532 et 533.
370. M. Maignien (*Catal.*, No. 532) a fixé cette édition à l'année 1495 ; elle peut tout aussi bien être de 1496 ou 1497.
371. Sur ses relations fréquentes avec les imprimeurs parisiens, cf. Chaper, *Notice histor. et bibliogr. sur Antoine et Pierre Baquelier*, p. 12. — On peut encore signaler ce fait : la marque de Baquelier, qui se trouve dans le *De conflictu vitiorum* de Prudentius (Bibl. d'Aix), porte le nom d'Antoine Caillaut.
372. Dès le 5 février 1498 (v. st.), il y mettait en vente le Missel de Genève qu'il venait d'y imprimer.
373. On remarquera que je n'ai pas compris la ville de Valence en Dauphiné parmi celles qui ont eu une imprimerie au XVe siècle. L'attribution à Jean Belon des *Commentaria Guidonis Papae super statuto Dalphinali*, édités en 1496, est en effet purement hypothétique. Ce livre sort des presses de Jacobo Suigo et Nicolas de Benedictis, à Lyon.
374. A. Claudin, *Orig. et débuts de l'impr. à Poitiers* p. 54 ; *Les impr. particul.*, p. 17.
375. Cf. surtout A. de La Borderie, *L'impr. en Bretagne au XVe siècle*, p. 5 ; A. Claudin, *Les impr. particul.*, p. 14.
376. Ce sont, avec les trois ouvrages ci-après nommés : le *Trespassement de N.-D.*, les *Loys des Trespassez*, l'*Oraison de Pierre de Nesson*, le *Bréviaire des nobles*, le *Songe de la pucelle*, la *Patience de Griselidis* et le *Secret des secrets Aristote*. — Au moment de donner le bon à tirer de cette feuille, je reçois la 1re livraison de la *Biblioth. de l'École des chartes* de 1900, qui contient (p. 59) un article de M. L. Delisle, intitulé *Mandements épiscopaux imprimés à Tréguier au XVe siècle*. M. Delisle y signale une nouvelle impression de Bréhant-Loudéac, *Doctrine et enseignements de S. Bernard à Ramon*.

377. On a dit que la guerre qui éclata entre la France et la Bretagne fut la cause de l'interruption de leurs travaux : cela est faux, car les hostilités ne commencèrent qu'en 1487.

378. A. de La Borderie, p. 95 et 125, et *Archives du biblioph. breton*, t. II, p. 1 ; A. Claudin, *Les impr. particul.*, p. 18.

379. Ils ressemblaient assez vaguement à ceux qui furent employés plus tard à Valenciennes par Jean du Liège.

380. M. Claudin prétend que Jean Crès était là encore sous la dépendance du seigneur du Gué-de-l'Ile ; mais c'était sous celle de son cousin, le vicomte de Rohan, qu'il se trouvait à Lantenac.

381. A. de La Borderie, p. 67.

382. Il n'y a pas de raisons de dire, comme l'a fait M. Claudin *(Orig.... Poitiers*, p. 51), qu'il avait fait son apprentissage dans l'atelier de Saint-Hilaire de Poitiers. Cf. de La Bouralière, *Les débuts de l'impr. à Poitiers*, p. 22 ; *Chapitre rétrospectif*, p. 61.

383. En 1480, à Paris, chez Guillaume Lefèvre, avait déjà paru une édition de ce Coutumier : cf. E. Péhant, *Catal. de la Bibl. de Nantes*, t. I, p. 371, No. 6942.

384. A. de La Borderie, p. 84 ; *Revue celtique*, t. I, p. 395.

385. Jean Calvez imprima encore à Tréguier, en 1501, le *Libellus de verborum compositis* de Jean Sinthen, dont un exemplaire se trouve à la Biblioth. de Saint-Brieuc. La marque qui existe au fol. 1 n'est pas la même que celle qui se voit dans le *Catholicon* (Thierry-Poux, pl. XXX, No. 12 et 13) ; elle paraît d'ailleurs avoir beaucoup servi, car la bordure a été cassée en plusieurs endroits. Les caractères du *Libellus* ont été aussi réassortis. Ajoutons que le nom de l'imprimeur *(sculptoris excusatoris)* est donné par un acrostiche qui termine le volume. — L'article de M. Delisle, cité ci-dessus, *Mandements épiscopaux*, attribue à la presse de Calvez à Tréguier, en raison de la similitude des caractères avec ceux du *Libellus* de Jean Sinthen, le mandement de l'évêque de Saint-Brieuc, daté du 26 mai 1496, qui se trouve imprimé dans le registre No. 988 du fonds de la Reine au Vatican. Il est probable que les mandements des 13 octobre 1496, 7 juin 1498, 23 mai 1499, 15 juin 1500, etc., qui existent dans le même recueil, sortent aussi de cet atelier.

386. Cf. Thierry-Poux, No. 166 et 167.

387. Cf. F. Rabut, *L'impr., les impr. et les libr. en Savoie* (t. XVI des *Mém. et doc. publiés par la Soc. savois. d'hist. et d'archéol.*), p. 28 à 44.   388. Proctor, No. 8762.

389. On a dit aussi que la guerre l'avait éloigné de Chambéry ; mais il est à remarquer que les hostilités qui eurent lieu vers cette époque entre le duc de Savoie et le marquis de Saluces, n'eurent d'effets que sur l'autre versant des Alpes ; à Chambéry on n'en souffrit aucunement.

390. J. Roman, *Bullet. d'hist. ecclés. et d'archéol. des dioc. de Valence, Gap*, etc., t. III, 1882, p. 94 ; Claudin, *Les impr. particul.*, p. 20 ; Monceaux, *Les Le Rouge de Chablis*, t. I, p. 41 et 79.

391. M. Delisle, en rendant compte du *Catal. génér. de Mlle. Pellechet* dans le *Journal des savants*, 1897, p. 622, a supposé que Jacques Le Rouge avait été vers 1467-1470 l'associé d'Ulrich Hahn à Rome, au moins pour l'impression de Lettres de S. Jérôme, dont le t. II est signé I A. R V. et des Méditations de Torquemada (31 décembre 1467).

392. Documents des 3 novembre 1495 et 30 mai 1506, conservés dans les notes brèves du notaire Antoine Borilli, étude de Me. Milon, à Aix (communiqués par M. l'abbé Requin). — Remarquons qu'à Trets il y avait alors un collége, dont maîtres et étudiants pouvaient être les clients de notre imprimeur.